OHSAMA BUNKO

すごい「心理話法」

清田予紀

JN080442

三笠書房

はじめに――なぜか心が動かされる言い方の秘密

「僕から1個だけ。憧《あこが》れるのをやめましょう」

この言葉、印象に残っている人も多いのではないでしょうか。

先のワールド・ベースボール・クラシック（WBC）で、日本対アメリカの決勝の大一番を前に、大谷翔平選手がチームメイトにかけた言葉です。

実際、これが日本チームをまとめ、多くの野球ファンにとっても、大谷選手への強い印象が残るものとなりました。

なぜ、この言葉が一度聞いたら忘れられないほど心に残っているのでしょうか。

それは、効果的な「心理話法」が使われていたからです。

まず、「僕から1個だけ」。

ここには、**『目標勾配《こうばい》効果』**といわれる心理話法が使われていて、**ゴールが絞《しぼ》られるほど、聞く側の集中力が高まっていく**現象が起こります。

次に、「憧れるのをやめましょう」。

これは、**ちょっと意表をつく言葉を投げかけて相手の興味や関心を引く**、心理学でいう**『ピーク・テクニック』**の手法が使われています。

大谷選手が、それを知っていたかどうかはわかりませんが、結果として、チームメイトは鼓舞《こぶ》され、野球ファン以外にも強烈な「大谷神話」が植えつけられることになったのです。

できることなら私たちも大谷選手のように相手の心に響く言葉を発してみたいものですが、それは見果てぬ夢なのでしょうか。

実はこれ、「心理話法」さえ身につけていれば誰でも可能になるのです。

本書に取り上げた例のうち、ひとつでも試してみると、**日常の人間関係において、相手や周囲に気づかれることなく、「いつの間にか」距離を縮めたり、好印象を与えたり、時には自分を励《はげ》ましたりすることができるようになります。**

たとえば、

・「私たちってさ」――相手との距離を縮める（『**近接度**』を高める）言い方

・「○○さんがキミのことをベタぼめしてたよ」――周囲からの好感度がアップする善意の噂話（『**ポジティブ・ゴシッピング**』）

・「おお、早かったじゃない」――『**アンカリング効果**』で、待たせてしまった相手に「頑張って急いできたんだね」と思ってもらう方法……など。

「心理話法」を上手に活用すれば、あなたの言葉がまるで大谷選手が発した言葉のように光り輝き、相手の心に届くのです。ぜひお試しあれ。

清田　予紀

もくじ

1章　人間心理は「言葉」に大きく左右される
――「わかります」「じゃあ」「きょうは」……

2章 なんだか急に心を許してしまう、このフレーズ

――「私たち」「どう？」「実は私も」……

3章 まるで古くからの知り合いのように感じる話し方
――「どうぞ」「知ってる？」「してもいい？」……

4章 その場の雰囲気を一変させる「不思議なひと言」

——「なんか」「大丈夫」「気がする」……

コラム

1章

人間心理は「言葉」に大きく左右される

――「わかります」「じゃあ」「きょうは」……

同じことを言っても相手が動いてくれる言葉

「ありがとう」

もしかして「すみません」ですませていませんか？

11月22日は語呂合わせで「いい夫婦の日」とされています。

その日にちなんで、明治安田生命が全国の夫婦にアンケート調査（2020年）をしたところ、「配偶者から言われたいひと言」のトップ5は以下の通りだったのだとか。

①ありがとう
②お疲れさま（ご苦労さま）
③あなたがいてくれてよかった
④結婚してよかった
⑤料理が美味《おい》しい

もっとも言われたい言葉に選ばれた〝**ありがとう**〟は、心理学の見地からも大いなる活力と影響力を備えたパワーワードだといわれています。

〝ありがとう〟は、口にする人も、それを伝えられた人もお互いが幸せになれる力をもつ言葉なのです。というのも、**〝ありがとう〟と感謝の気持ちを述べることで、脳内にオキシトシンという癒《い》やしホルモンが分泌される**から。

このオキシトシンには、「自律神経を整える、免疫力を高める、血圧が下がる、ストレスを減少させる、脳の疲れがとれる」といった効能があることが知られています。

〝ありがとう〟は、それを伝える人、そして伝えられた人の心や体などさまざまな面によい効果をもたらすのです。

そうした感謝の効果を科学的に解明したカリフォルニア大学のロバート・エモンズ教授によると、**〝ありがとう〟を口にすればするほど利他的な行動が増える**といいます。

つまり、まわりの人に優しくなり、日常的に思いやりのある行動がとれるようになるということ。それが人間関係にもよい影響を与えることは想像に難《かた》くありません。また、今あることに感謝すれば、目先の喜びの誘惑、たとえば、喫煙《きつえん》やサボり癖《ぐせ》といった悪習慣の裏にある衝動にも負けにくくなるともいいます。

〝ありがとう〟の副産物はまだまだあります。

感謝の言葉を伝えるとき、表情は自然と柔らかく優しい笑顔になっているもの。感謝の気持ちを伝えることが習慣になっている人は、口角《こうかく》が上がり、いつも顔の筋肉を引き締めているので、見た目も若く素敵な人に見られることが多いのです。

しかも、〝ありがとう〟の言葉は、それを耳にした人の心も癒やしてくれます。言葉を発した人と同様の効果をもたらしてくれるのです。

そして、〝ありがとう〟をもらった人は、自分の存在価値を認めることができ、自己肯定感が高まります。「自分でも人の役に立てる」「自分は必要とされている」という実感を得ることができて、生きる力がみなぎるからです。

〝ありがとう〟のひと言が互いを幸せにし、人間関係の結びつきも強めてくれるのですから、この魔法の言葉を出し惜《お》しみするのはもったいないですよね。

やめてほしいことを「それとなくやめさせる」ひと言

「○○くんは浮気なんか絶対しない人だものね」

言い続けることは案外大事！

一般的に、「人は自分の意志で物事を判断し、行動する」と思われています。けれど、実はそうともいえないのです。自分の意志とは関係なく行動を起こしてしまうことがあるからです。

こんな経験はないでしょうか。

テレビを視聴中、ドラマの中で主人公が美味しそうにラーメンを食べているシーンを見たとします。その後、夕食はちゃんと食べたというのに、なぜか無性にラーメンを食べたくなってカップ麺にお湯を注いでしまった……。

心理学に『**プライミング効果**』という用語があります。

プライミング効果とは、「**先に何らかの刺激を受けることにより、無意識のうちに行動が影響される**」ことを指《さ》した心理効果のこと。

たとえば、「サンタクロースはどんな色の服を着ている？」という質問をした後に、「果物をひとつ思い浮かべてみてください。それは何？」という質問を投げかけると、事前にサンタの赤い衣装に刺激を受けているので、「リンゴ」といった赤い色の果物を答える確率が高くなります。それがプライミング効果。先に受けた刺激がその後の判断や行動に影響を与えてしまうのです。

相手の心を読み、操《あやつ》ることを生業《なりわい》にしているメンタリストというパフォーマーがいますが、彼らがお客の選んだボールの色を当てられるのも、実はこの効果を使ってお客がその色を選ぶように事前に言葉巧みに誘導しているからです。

人は事前に得た刺激によって本人の意識とは関係なく無意識に行動してしまうことがあるのです。

テレビCMがくり返し流れるのも、プライミング効果を高めるため。知らず知らずのうちにその商品への興味や関心を視聴者の無意識に植えつけてしまおうという戦略だということです。

そんな効果を応用して冒頭のような言葉を事前に恋人に投げかけておけば、浮気防止に役立つことがあります。

「あなたって浮気はしないタイプだよね、ね」

「当たり前だよ。するわけないだろ」

熱愛中にそんな会話を何度かして、恋人の無意識の中に「自分は浮気はしない人間だ」という言葉を植えつけておくのです。

すると万一、浮気心が疼《うず》いたとしても、プライミング効果が働いてブレーキがかかるからです。

もちろん、なかには軽はずみに浮気をしてしまう輩《やから》もいます。プライミング効果は万人に同じように働くとは限りません。同じＣＭを見ても、興味をもつ人もいればもたない人もいますものね。

恋人にプライミング効果が働くかどうかを確かめたいのなら、テレビで食事をするシーンが出てきたとき、何気なく相手に聞いてみてください。

「美味しそうにラーメン食べてると、なんかこっちも食べたくならない？」

その問いかけに相手が大きく頷《うなず》いたとしたら、魔法の言葉の効果も大いに期待できますよ。

「言いたいこと」を強く印象づける方法

「わかります、その気持ち」

「ここぞ！」というときに

質問です。AとBのセリフを聞いたとき、どちらのほうがインパクトがあると思いますか。

A「その話をもっと聞きたいなぁ」

B「もっと聞きたいなぁ、その話」

この質問には、多くの人がBと答えるのではないでしょうか。

Aは目的語と述語が順番に並んでいます。普通です。なので、あまりインパクトはありません。

一方、Bは述語と目的語が逆になっています。違和感がある分、インパクトが強いのです。

このように**語句を通常とは逆にする表現方法**のことを『**倒置法**』と呼びます。

これから示す例もそうですが、倒置法を使うと伝えたい言葉を強く印象づける効果があるのです。

A「どこまでも進め！」
B「進め！　どこまでも」
A「あなたのことが大好きだよ」
B「大好きだよ、あなたのこと」

語順を変えただけですが、Bのほうが断然印象に残りやすいですよね。
倒置法は、**感情に訴える表現や印象深い表現にするときに特に効果を発揮します。**

こちらが感心していること、興味をもっていることがより直接的に相手に伝わります。なので、会話を弾《はず》ませたいときに使うと威力を発揮します。
しゃべっている相手が自分の話に関心をもってくれているとわかったら、誰だってうれしいものです。うれしくなればもっと話したくなります。つまり、どんどん饒舌《じょうぜつ》になっていくということ。

人は自分をうれしくさせてくれる人には好感をもちますし、もっと長く一緒にいたいと思うもの。倒置法を使えば、聞き上手になるうえに、好感度もうなぎ登りになるというわけです。

「わかります、その気持ち」
「すごい話ですね、それは」
「もっと聞かせてくださいよ、その話」

こんなふうにあなたも「ここぞ！」という場面で倒置法を使ってみませんか。
もちろん、次のように恋する相手に自分の気持ちを訴えたいときにも大いに効果を発揮します。ぜひ、お試しを。

「楽しいなぁ、あなたと話してると」
「食べてみたいんだ、きみの手料理」

人が進んで動いてくれる話し方

「日本代表のユニフォームを着ている皆さんは
12番目の選手です。
日本代表のようなチームワークでゆっくり進んでください」
「怖い顔をしたお巡りさん。
皆さんが憎くてやっているわけではありません。
心の中では出場を喜んでいます」

（渋谷スクランブル交差点でＤＪポリスが群衆に投げかけた言葉）

「○○しちゃダメ」「○○やって」はＮＧ

スポーツの大きな国際試合終了後の渋谷スクランブル交差点は、勝利を喜ぶ群衆でお祭り騒ぎ状態になることがもはや恒例《こうれい》行事になっています。アルコールも入ってハイになった群衆は、一歩間違えれば暴徒化してしまう危険性もあります。

そんな群衆に、雑踏警備にあたっていた警視庁機動隊員のひとり（ＤＪポリス）が拡声器で投げかけたのが冒頭で紹介した言葉でした。

それは、サッカー日本代表チームがワールドカップの出場を決めた夜のこと（２０１３年）。渋谷駅前は勝利を祝うサポーターたちで溢《あふ》れかえっていました。

特に、スクランブル交差点は信号でせき止められるので、すし詰《づ》め状態。信号が青になったらなったでカオスで、信号が点滅を始めても、車道は渡りきれない人たちがウヨウヨ！

普通なら警官が、「信号が赤になるぞ！　早く歩道に戻りなさい！」と拡声器でがなり立てるところです。でも、この夜は様子が違っていました。

警官は、とても気さくで親しみやすい物言いで、ユーモアまで交《まじ》えて群衆に語りかけてきたのです。

これには浮かれ騒いでいた群衆も思わず聞き耳を立ててしまいました。そして和《なご》やかなムードになり、混乱も次第に解消されていきました。

この誘導方法は、人びとの良心にさりげなく訴えて、望ましい方向に導いたとして賞賛され、その後も警備のお手本とされるようになったのは記憶に新しいところです。

実はこれ、**『ナッジ理論』**という行動経済学の知見を活用したものだったということをご存じでしょうか。

行動経済学は、経済学と心理学が融合した学問で、その第一人者であるシカゴ大学のリチャード・セイラー博士が2017年にノーベル経済学賞を受賞したこともあり、大いに注目を集めています。

その博士が提唱しているのが『ナッジ理論』で、ナッジとは「肘《ひじ》で相手を軽くつつく」という意味。

DJポリスのように、**禁止や強制をするのではなく、人びとを自発的に望まし**

い方向に誘導する仕掛けや手法のことをいいます。

スーパーに行くとレジ前の床に靴底の形のシールが等間隔《とうかんかく》に貼ってあったりしますよね。あのシールも実はナッジ理論の活用例なのです。

シールが貼ってあると、レジに並ぶお客は、自ら進んでその上に立ちます。自然と間隔を空けて並んでくれます。ですから、店員はいちいちお客に「間隔を空けてお並びください」と言わずにすんでいるのです。つまり、靴底のシールは店員の作業の省力化に大いに貢献しているというわけです。


また、飲食店のトイレに入ると、「いつもきれいに使っていただきありがとうございます」と書かれているのを見かけることがありますが、それもナッジ理論の応用例。

「トイレはきれいに使いましょう」と命令調の貼り紙を見ると反発を覚える人でも、その貼り紙のように事前に感謝されてしまうと良心が疼いてきれいに使わざるを得なくなってしまうのです。

家庭のトイレでよく問題になるのが便座の上げ下げ。

「うちの旦那は使った後、いつも便座を上げたまま出てしまうので困る」

そんな悩みを抱える人がいたら、このナッジ理論を応用して、目のつくところに「いつも便座を下げてくれてありがとう」という貼り紙をしてみてはいかがでしょう。

コラム1 人が着ているものを笑うな

マーク・ザッカーバーグという何かと話題を振りまくMeta（元Facebook）の創業者がいる。いまや資産家としても世界的に有名なのに、いつも似たようなＴシャツ姿をしていることを不思議に思ったインタビュアーの問いかけに、ザッカーバーグ氏はこう答えた。

「できるだけ決断の数を少なくしたいから」

さすが世界有数の企業を率いるＣＥＯ！　決断しなければならないことが多すぎるのだろう……と感心している場合ではない。氏のような特別な立場の人だけでなく、私たちも日々、あきれるほどたくさんの決断をしていることがケンブリッジ大学のバーバラ・サハキアン教授の心理学研究でわかったのだ。

その数なんと、**1日に3万5000回**！

「朝起きたらまず何をしよう」「どんな服を着よう」「何時に出かけよう」……などなど、さまざまな決断や選択が脳内で日々、行なわれている。

だから帰宅した後、「ああ、今日はもう何も考えたくない」とベッドにダイブしてしまうのは、当たり前なのかもしれない。そんな「脳の決断疲れ」を回避するために、「靴下だけは黒にする」「不要になった物はすぐ捨てる」といったようにルーティン化して、ひとつでも決断の数を減らしておいたらどうだろうか。

この言い方で「本命の頼み事」は聞いてもらえる！

妻「たまには料理つくってよ」

夫「いやあ、無理」

妻「じゃあ、洗い物はしてよね」

夫「わかった」

まずは「大きなお願い」から

ありがちな夫婦の会話ですが、ここにも巧妙な心理テクニックが使われています。

それが『**ドア・イン・ザ・フェイス**』という交渉技法です。

これは、**初めにわざと大きな要求をして相手に断られた後に、本命である小さな要求をすることで、本命の要求を受け入れてもらいやすくするテクニック**のこと。

慣用句の「shut the door in the face（門前払い）」が言葉の由来で、営業マンが訪問販売時に「断られることを前提に、ドアから顔を覗《のぞ》かせる」という行動からできた用語です。

冒頭の夫婦の場合、夫は結婚してからというもの、料理をつくったことがないのでしょう。そんな夫に料理をつくらせるのは至難《しなん》の業《わざ》です。それは妻も了解ずみ。

それでも、あえて「料理をつくって」と頼んだのは、わざと断らせるためと考えられます。彼女の本当のねらいは「夫に洗い物をさせる」ことだったのです。

要求を断ると、断ったほう（夫）には多少なりとも罪悪感が生まれます。そこで、先ほどよりは小さな「洗い物はしてよね」という要求を出されると、相手（妻）が妥協してくれたとも感じるので、「それぐらいなら、後ろめたさも解消できるし、まあいいか」という気持ちになるというわけです。

このテクニックは、会社などで部下や同僚にちょっと無理めな仕事を引き受けさせたいときにも使えます。

「この仕事、明日までに仕上げてほしいんだけど」

急にそんな予定外の仕事を押しつけられたら、誰もが渋い顔をします。

「いやあ、今の仕事で手一杯だし、明日なんてちょっと……」

今にも「無理です」という言葉が口からもれそうになった、そのときこそがこの交渉テクを発動するチャンスです。

「うーん、じゃあ、わかった。ギリギリあと3日間なら待てるんだけど、それでどう？」

そんなふうに妥協案を提示するのです。

実は、妥協案でもなんでもなく、最初から3日間の余裕はあるのですが、そんなことはおくびにも出しません。

でも、提示されたほうはそうは思いません。相手が2日延ばしてくれたと思います。**借りができたように感じて、その借りを返したくなります。**『**返報性の原理**』が働くのです。結果、「じゃあ、なんとかします」という返事を引き出しやすくなるというわけです。

ただし、このドア・イン・ザ・フェイスの使用には注意点があります。

それは、同じ相手に何度も使用するのは控《ひか》えたほうがいいということ。

相手の罪悪感を利用した交渉術なので、それに気づかれると「またその手できたか」と嫌悪感をもたれてしまいます。

また、相手に「罪悪感につけ込まれた」と感じ取らせてしまうと、本来の目的までが通らなくなるだけでなく、人格を疑われて、信用を失ってしまうことにもなりかねません。その点はくれぐれもご注意を。

絶対にNOとは言われない誘い方

「今日のランチだけど、A店とB店だったら、どっちの気分？」

行くか行かないかを聞くのはNG

「ランチに行かない？」

そう言って、普段はランチに一緒に行かない同僚を誘うとします。相手が「いいよ」と言ってくれればラッキーですが、「私はパス」と言われてしまう可能性も大いにあります。選択肢が「行く」と「行かない」の二択しかないので、相手に少しでも「面倒だな」と思われてしまうと、「行かない」を選ばれてしまいがちだからです。

そういう場合は、次のような誘い方をするほうがランチに誘える可能性がグンとアップします。

「今日のランチだけど、A店とB店だったら、どっちの気分？」

同じランチへの誘いですが、こちらは「行く」か「行かない」かではなく、**「行くとしたらどっちを選ぶか」**という問いになっている点が違います。「行く」

ことが前提になっているのです。なので、相手がどちらを選んだとしても、「じゃあ、そこへ行こう」と誘えば行く流れになってしまいます。

これには『**一貫性の原理（法則）**』といって、**自分が決めたり選んだりしたことを最後まで守り通そうとする心理が働きます**。この場合も、選んだのは自分なので「行きたくない」とは言いにくくなってしまうのです。

この誘導法を開発したのは、アメリカの催眠《さいみん》治療の権威で心理学者でもあったミルトン・H・エリクソン。この手法は彼の名をとって『**エリクソニアン・ダブルバインド**』と呼ばれています。

ダブルバインドとは〝二重拘束《こうそく》〟という意味。二者択一の問いかけをすることで、それ以外のことは考えさせないようにしたうえに、選ぶという行為を強《し》いることで「自分が選んだのだから」と相手に納得させてしまう。

つまり、相手を二重に拘束したような状態になってしまうのです。

これを悪用すると問題になりますが、善意の使い方をして**活用法を間違えなけ**

れば、自分だけでなく相手も望む方向へ誘導することができます。

たとえば、ランチタイムに何を食べるかで悩む人っているものです。

「どうするか、早く決めてよ」と、同僚が急《せ》かしても煮え切らない態度で悩むばかり。そんなときこそ、エリクソニアン・ダブルバインドの出番です。

「じゃあ、和食がいい？　それとも洋食がいい？」

どんなに優柔不断な人でも、二択なら答えやすいですよね。

「和食かなぁ」と返事をくれたら、次の質問をします。

「和食ね。ならば、A店とB店だったらどっちがいい？」

それで答えてくれたらしめたもの。早速ランチにGOできます。

あなたもこの誘導法、活用してみませんか。

相手が注目し、説得力が増すひと言

「今日は自分の人生から３つの話をさせてください。たいした話ではありません。たった３つです」

（スティーブ・ジョブズが２００５年にスタンフォード大学卒業式で行なったスピーチの冒頭部分）

聞いてほしいことは３つにまとめる

アップルの創業者、故・スティーブ・ジョブズ氏は自社の新製品を魅力的に紹介する名プレゼンターとしても有名でした。

彼は、ほぼすべてのプレゼンテーションに**3の法則**（Rule of Three）を使用していたことで知られています。スピーチの最初に「今日は3つのことを話します」と断ってから始めるのを常としていたのです。

2005年に米スタンフォード大学の卒業式で行なったスピーチでも同様でした。

「今日は自分の人生から3つの話をさせてください」から始まり、自らの生い立ちや闘病の苦労を織《お》り交《ま》ぜながら人生観を語り、聴衆の感動を集めました。この卒業式での名スピーチは、今も語り草になっているほどです。

なぜジョブズは3つに絞って話をしたのでしょう。

それは、**人が短期記憶で保持できる情報は3つか4つ**がせいぜいだということ。それ以上話をしても、聴き手が覚えてくれなければ話しても無駄になってしまいますし、たくさんの情報を与えすぎると、せっかく記憶した情報も整理できずに曖昧《あいまい》になってしまいます。

また、**3という数字には「安定感があり絶対的で揺《ゆ》るがない」イメージ**がありますす。ですから、〝3〟で示されると聞き手も納得しやすいのです。

そのせいか、ことわざにも「石の上にも三年」「三度目の正直」「三人寄れば文《もん》殊《じゅ》の知恵」などと〝3〟がよく使われています。

それに、話が3つに整理されているので、論理的で知的という印象を相手に与えることができます。ですから説得力も増すのでしょう。

3つに絞ることが説得力を増すことは統計学的にも証明されています。ひとつより2つ、2つより3つの証拠があったほうが説得力がどんどん増していくのに、4つ以上になるとその説得力の増し方が鈍化《どんか》してしまうのです。つまり、証拠をそろえるのなら、3つで十分だということです。

ジョブズはそうした3の力を知っていたからこそ、3の法則(Rule of Three)

をスピーチで活用していたのだと思われます。

あなたもジョブズを見習って、「お話ししたいことが3つあります」「理由は3つあります」を決めゼリフとして使ってみませんか。

どんな3つにすればいいのか、思い悩む人がいるかもしれませんが、アピールしたいことに自信があれば、3つ挙げるのはそれほど難しくはないはずです。

たとえば自社の製品をおすすめしたいのなら、こんな3つはいかがでしょう。

「おすすめするポイントは3つあります。まずひとつめはデザイン。2つめはお値段、そして3つめ、それはお客様にピッタリだということです」

このように、本当に理由が3つあるかどうかは重要ではなく、3つにまとめてしまうことが重要だということです。

この3の法則（Rule of Three）を活用して、あなたも自身の説得力を大いに増してみませんか。

聞いたことが忘れられなくなる魔法のフレーズ

「この話は聞かなかったことにしてね」

「ダメだと言われると、絶対ほしくなる」人間心理人間というものは不思議なもので、「これは絶対覚えておくんだぞ」と言われたことは忘れてしまうくせに、「これは忘れてほしい」と言われるとなぜか忘れられなくなってしまいます。誰もが天邪鬼《あまのじゃく》的な性質をもっているのです。

そういう心理を表わす用語が『**心理的リアクタンス**』です。1966年にアメリカの心理学者のジャック・ブレーム博士が提唱したものです。

これは、**選択する自由が外部から脅《おびや》かされたとき、心に生じる自由を回復しようとする反発作用のこと**。何かを強制されたとき、人はそれに対して反抗心をもってしまうのです。

というのも、人は自分のことは自分で決めたいという欲求をもっているから。なので、他人に決めつけられると嫌悪《けんお》感を覚えます。それが心理的リアクタンスが発動するきっかけとなるのです。

子どもの頃を思い出してみてください。宿題をしようと思っていたところに母親から「早く宿題をしちゃいなさい」と言われたことで、一気にやる気を失った経験はないでしょうか。

宿題をする気はあったのに、自分の行動を他人に押しつけられたことで「選択の自由が奪われた」と感じて反発心がわき起こってしまうのです。

ちなみに、私たちが「これは現品限りです」「こちらの製品は限定品ですよ」「期間限定です」「締切まであと2日」といった言葉に弱いのも心理的リアクタンスのせいだと考えられています。

「購入できる機会が限られている」と思うと、**自分の自由な選択が奪われつつあると感じて、なんとしてでも手に入れたくなってしまう**のです。

そうした心理とそっくりの用語があります。それが『**ロミオとジュリエット効果**』。

ロミオとジュリエットといえば、イングランドの劇作家ウィリアム・シェイクスピアの戯曲《ぎきょく》で、仲の悪いモンタギュー家とキャピュレット家の息子と娘が恋に落ちるというお話ですが、2人が恋に命を燃やしたのも心理的リアクタンスが働いたからだと思われます。

2人とも淡い恋心を抱いていたのは確か。でも、そんな幼い恋でさえ親から禁じられたために、恋をするという自由を奪われた気がした2人は、反発して一気に恋愛モードに突入してしまうのです。

このお話から、**禁止されればされるほど恋の魅力が増す**ことを『ロミオとジュリエット効果』と名づけられたのですが、そんな衝動が起きるのも『リアクタンス（抵抗心・反発心）』のなせるわざ。

この心理は使いようによっては想像以上の効力を発揮します。

相手に自分のした話を印象づけたいときや覚えておいてほしい場合、最後にわざと「この話は聞かなかったことにして」「誰にも言わないでね」と念を押すのです。

すると、相手は心理的リアクタンスが働いて、その話が忘れられなくなってしまいますし、誰かに言いたくて仕方なくなってしまいます。噂を広めたいときなどは、この手に限ります。

2章

なんだか急に心を許してしまう、このフレーズ

――「私たち」「どう？」「実は私も」……

不思議と一体感が生まれるパワーワード

「僕（私）たちってさ」

言い方ひとつで親近感はわいてくる

知り合ってだいぶ経《た》つのに他人行儀《ぎょうぎ》でよそよそしい態度をとると、「水臭《みずくさ》いなぁ」と言われてしまいます。

でも、考えてみると、〝水臭い〟って表現はどこから生まれたのでしょう。

この言葉の由来は、「水分の多い料理は味が薄い、水っぽい」からきているようです。料理で水分が多いと味が薄くなって、食べても味気なくなってしまいます。そのことから、人に対して比喩《ひゆ》的に「愛情が薄い」「人情が薄い」と使ったのが「水臭い」という表現のもとなのだとか。

できることなら、早く「水臭い」と言われないような関係になりたいものですが、それがなかなかできない人もいます。

『**近接度**』という心理学用語があります。**会話を交《か》わす相手との心の距離や親密度を表わす用語**です。

知り合ったばかりの頃は、もちろん近接度は低いので相手の呼び方も〝さん〟づけになります。

それが近接度が高くなればなるほど、〝さん〟が〝ちゃん〟になったり、人によっては呼び捨てになったり。また、会話もどんどん〝ため口〟になっていきます。

近接度を早い段階で高いレベルまでもっていける人ほど、フレンドリーで親近感をもたれやすく、好感度も高くなる傾向があります。近接度の高い人は、相手との心理的な距離を縮めるのが得意な人ということです。

そうした近接度の高さは、「直接性」「能動性」「共同意識」の3つの指標から判断されます。

直接性……ただ単に「ステキ」と話しかけるより「あなたはステキ」と名指しするほうが近接度が高くなる。それに加えて「あなた」よりも「○○さん」と相手の名前を呼ぶとより高くなる。さらに高めたいときは名字ではなく、下の名前で呼ぶとよい。

能動性……「一緒に行かない?」と曖昧に誘うよりも「一緒に行こうよ」と積

極的に誘うほうが近接度が高くなる。

共同意識……「キミと僕（私）」よりも「僕（私）たち」のほうが2人の一体感が強調されるので近接度は高くなる。

このように、近接度の高い物言いをすればするほど、親密感が増します。なかでも、使うと効果絶大なのが、「僕（私）たち」という言葉。

「僕（私）たちって、案外気が合うよね」
「僕（私）たち、同じB型だしね」
「僕（私）たちで彼女にお祝いをしてあげようよ」

こんなふうに、事あるごとに「僕（私）たち」を連発していけば、いつの間にか2人の間に一体感が生まれ、心もどんどん近づいていきます。
なかなか打ち解けられない人は、ぜひ参考になさってみてください。

緊張をすぐにほぐすコミュニケーション術

「人差し指と薬指、どっちが長いですか？」

知っていると役立つ「性格診断」

初対面の人と挨拶《あいさつ》を交わすときは、どうしても緊張します。そうなると、なかなか会話も弾みません。そんなときの助け舟。お互いの緊張をやわらげる手法として知られているのが『**アイスブレイク**』です。

アイスブレイクとはその名の通り、氷（アイス）のように静まり返った空間を打ち壊して（ブレイク）活性化させるテクニックのこと。

初対面の相手や商談相手と接するときに、お互いのギクシャクした緊張感をほぐして、スムーズにコミュニケーションできる状態にするための手法です。

たとえば、自己紹介した後に、こう続けてみるのです。

「実は私、こう見えて○○なんです」

○○には、「あがり症」「高い所が苦手」「5人の子持ち」などなど、**自分の意外な一面を入れるのがコツ**。軽く『**自己開示**』をするわけです。

笑いを生む自己開示であれば、相手も好感をもってくれますし、場が和《なご》みます。『好意の返報性』が働いて、相手も「実は私も……」と、自己開示のお返しをしてくれるかもしれません。そうなればしめたものです。

このアイスブレイクは、緊張感ただよう会議のような場でも効果を発揮します。堅苦しい雰囲気の中では、発言も出にくいもの。そういうときは、ちょっとした心理雑学を披露《ひろう》してみるという手があります。

「ご自分の手を開いてみてください。人差し指と薬指、どっちが長いですか？」

1988年のこと。イギリスの心理学者ジョン・マニング博士が、胎児《たいじ》期に母親の胎内で生成された男性ホルモン（テストステロン）の濃度によって、性別に関係なく人差し指と薬指の長さが決まるという研究成果を発表しました。

薬指の成長は男性ホルモン、人差し指の成長は女性ホルモンの影響を受けます。

その結果、次のような4つのタイプに分けられることがわかったのです。

〈女性〉

薬指のほうが長い……性格はサッパリしていて、社交性あり。好奇心が強く、行動的。対人面では、友達は多いが人に流されない強さがある。

人差し指のほうが長い……物静かでやや内向的。じっくり時間をかけて行動するタイプ。対人面では、心を許した親しい人との交流を好む。

〈男性〉

薬指のほうが長い……考えるより先に動くタイプ。勝負強さがあり、物事を簡単にあきらめない。対人面では注目されるのを好む。

人差し指のほうが長い……繊細で自己主張は得意ではないが、実はプライドが高い。対人面では、多人数よりひとりを好む。

人差し指と薬指の長さがほぼ同じ場合は、中間的な性格になります。

性格診断を好む人は多いですし、出席者の意外な一面を覗くことができるので、場が盛り上がって、一気に和みます。チャンスがあったらお試しを。

相手との壁を一気に取り払う言い方

「私はあなた方多くのアメリカ国民と同じように貧しい家に生まれました」

（エイブラハム・リンカーン）

弱点は隠さないほうがいい

冒頭の言葉は、アメリカ合衆国第16代大統領エイブラハム・リンカーンが大統領選挙期間中、聴衆を前にして開口一番に多用した決めゼリフです。

リンカーンがこの言葉で演説の口火を切ったのには理由がありました。

自分が貧しい農家の生まれであることを打ち明けたことで、多くの聴衆の共感を呼び、どの会場でも拍手喝采《はくしゅかっさい》を浴びたからです。そして、それが彼を大統領に押し上げる大きな原動力となりました。

このように**人前で公言しにくい自分の内実を他者にさらけ出すこと**を心理学では『**自己開示**』と呼びます。そして、この自己開示こそ自らの好感度を一気に上げる、とっておきの方法なのです。

世の中には初対面なのに、「初めて会った気がしない」と相手から言われてしまう人っているもの。そういう人のことを「波長の合う人」と表現したりもしますが、では、「波長が合うと感じる人」にはどのような特徴があるでしょう。

その大きな特徴は、初対面であれば隠しておきたい自分の弱点をも表に出してしまえる人であること。『自己開示』ができる人であるということです。

人間誰しも自分の弱い部分はあまり見せたがらないもの。相手が初対面の人であればなおさらです。できるだけよい印象をもたれようと、自分の本来の姿は隠し、当たり障《さわ》りのない表面的な会話に終始してしまいがちです。

実際、そのほうが会話は無難に進みます。けれど、打ち解けるまでにはある程度の時間を要しますし、時にはいつまで経っても他人行儀な関係のまま推移することもあります。

少しでも早く相手との壁を取り払いたいのであれば、「自分はこういう人間ですよ」と早めに積極的な自己開示を行なうのが得策なのです。

特に、自分の弱点や失敗談などを進んで話すと、相手は「この人はそんなプライベートなことまで打ち明けてくれた。それだけ自分に心を開いてくれているんだな」と判断し、一気に親近感を覚えます。

それだけではありません。自己開示されると、された側も「こんなにさらけ出してくれるのなら、私だってお返しに何か話をしなきゃ」と感じますから、自然と自己開示をしたくなります。『返報性の原理』という心理が働くのです。

すると、おのずと会話が弾みだし意気投合、一気に相手との距離が縮まるというわけです。あなたにもそんな経験、あるのでは？

コツは、**同じ自分の弱点や失敗談でも、相手が共感を覚える話題を選ぶ**こと。初対面の場合は特に、深刻にならない軽めの話題のほうが親近感を得やすいものです。

「○○が苦手」

「○○をするときはいつも緊張する」

「○○であることがコンプレックス」

などなど、言える範囲で少し弱い自分をさらけ出してみるのです。

たとえば、あなたが早起きが苦手であるなら、自己紹介をするとき、ちょっと苦笑しながらこんなふうに自己開示してみるのはいかがでしょう。

「朝が弱いせいで、目覚まし時計のコレクターになってしまった○○です」

お互いの心を満たす言葉

「あれ、髪型変えた？」

ちょっとした変化に気づいていますか？

「インスタ映《ば》え」という言葉が流行語になったのが2017年。それから幾歳月《いくとしつき》、SNSには相変わらず自撮りした画像が溢れています。

どれも「見て見て！　私ったらこんな素敵なところで、こんな面白そうなことをしているんだよ」とでも言いたげな画像ばかり。なぜ人は、そんなに自撮りをしたがるのでしょう。

その大きな理由は、自己の『**承認欲求**』を満たしたいからだといわれています。

承認欲求とは、心理学者アブラハム・マズローが提唱した『欲求5段階説』のひとつで、**自分の存在を認めてもらいたい、自分の考え方を受け入れてもらいたいという欲求のこと**。

そうした願望は誰しも、もっているものですし、人間の本能に根差した至極《しごく》真っ当な感情です。

自撮り画像に〝いいね〟をたくさんもらえればもらえるほど、自分の存在を認めてもらったような気になりますから、満足感にひたれます。だからやめられないし、ますます自撮りに精を出すことになるのでしょう。

承認欲求が満たされると、自分に自信がもてるので人前でも積極的になれますし、臆《おく》することなく自分の考えを発信することもできるようになります。当然、人間関係もスムーズに動き出します。

つまり、良好な人間関係の土台を築きたいのであれば、お互いの承認欲求を満たし合うのが一番の良策だということです。

難しく考える必要はありません。承認欲求を満たす行為は、次のようにいくらでもあります。

①相手を目ざとく見つけて、「おはよう」と声をかける
②相手の名前を呼ぶ
③話すときは相手の目をちゃんと見る
④相手の見た目の変化に気づいたら、「髪型変えた?」などと声をかける
⑤自分が言ったことに相手から意見を求める……etc.

どれも「私はあなたのことにいつも関心をもっています」「いつも気にかけています」というサインですから、相手の承認欲求をくすぐることは間違いありません。

特に④のように、変化に気づいてもらえるということは相手が関心をもっていることの裏づけ証拠のようなものですから、言われた当人としても悪い気はしません。

それを実行するには、普段から相手や周囲を観察する習慣をつけておく必要があります。その際のポイントは、**変化に気づくこと**。

変化は、「髪を切った」「風邪《かぜ》を引いた」という身なりや体調に関連するものから、「ひとりで営業ができるようになった」「ホウレンソウ（報告、連絡、相談）が身についてきた」など仕事に関係するものまでさまざま。

そうした変化を目ざとく察知して、さりげなく言葉にして相手に伝えましょう。承認欲求をくすぐることは間違いなしです。

グッと距離が縮まる、とっておきのフレーズ

「お昼ご飯、一緒にどう？」

美味しい食事には「心地よい感情」が生まれる

また、ランチの例になりますが、こんな何の変哲もないランチへのお誘い言葉が、なぜわざわざマジックワードとして取り上げられるのか不思議に思う読者もいることでしょう。

でもこの言葉、意外なほど効力があるのです。『**ランチョン・テクニック**』という言葉をどこかで耳にしたことはないでしょうか。

これはグレゴリー・ラズランという心理学者が名づけたもので、**「人は食事中に関わりのあった人や物に好意的な感情をもつ」という心理法則を表わした言葉**です。

政治の世界やビジネスの世界で、ランチミーティングがよく行なわれるのは、この効果が十分に認識されているから。食事中は「料理や場の雰囲気を楽しみたい」という思いから対立を避けようとする心理が働くために、交渉事が受け入れられやすくなるというのが効果のひとつ。

また、美味しいものを食べると、心地よい感情である〝快楽〟が生まれます。その感情が食事中のさまざまな記憶と結びつくのです。

たとえば、**食事中に聞いた話が〝快楽〟と結びつくと、とても有益な話を聞いたような気になります**。それを心理学では『**連合の原理**』と呼んでいます。

そのため、美味しい食事をしたときの場面を思い出すと、同時に心地よい体験がよみがえり、そのときの話し相手に対する好感度まで自然と高まってしまうのです。

もしあなたが意中の相手と心を許す関係になりたいと思うのなら、まずはランチに誘うこと。それぐらいなら、ハードルはそれほど高くはないですよね。

できることなら、事前にそれとなく相手の好みを聞いておいて、店選びができたら申し分なし。

そのシチュエーションさえつくることができれば、相手が心を許すのは確実です。なにしろ相手は勝手にあなたへの好感度をアップしてくれるのですから。

しかも、あまり会話が弾まなくても心配はご無用。美味しい料理がその分を補《おぎな》ってくれます。

ちなみに、好感度の高い俳優やタレントが、高額な出演料でＣＭに起用される理由をご存じでしょうか。

それは、好感度の高い俳優やタレントとＣＭで紹介する商品が『連合の原理』で結びつき、商品の好感度まで高まるからです。好感度が高まれば、おのずと消費者の購買意欲も高まります。

莫大《ばくだい》な商品の売り上げと比べれば、出演料などは知れたもの。ですから、企業はこぞって好感度の高い人気者をＣＭに起用したがるのです。

あなたがもし自分のイメージアップをしたいのなら、相手が好ましいイメージをもつものと自分とを結びつけてみましょう。

たとえば、相手がジャズ好きなら、車の中でジャズの曲をかけてみる。相手に好きなタレントがいるなら、そのタレントの話で盛り上がる。

そうしているうちに、『連合の原理』が働いて、相手はどんどんあなたに対する好感度をアップしてくれるはずですから。

迷っている人にかけたいひと言

「新しい習慣を身につけたいのなら、66日続けてごらん」

数字は脳に強いインパクトを残す

「この1本にレモン10個分のビタミンCが入っています」
「東京ドームが5つ入る広さです」
「この物置きなら100人乗っても大丈夫！」

テレビのCMを見ていると、キャッチコピーに数字がよく使われています。**数字を上手に使えば、脳に強い印象を与えることができる**からです。

そんな数字使いの名人だったのが、前章でも登場したスティーブ・ジョブズでした。ジョブズは新製品のプレゼンで数字をとても効果的に使っていました。

その一例が2001年、初代iPodが発売されたときのプレゼンでした。

このとき、ジョブズ率いるアップル社首脳陣の頭を悩ませたのは、5ギガバイトの容量を持ちながら185グラムという小型軽量のミュージックプレイヤーであるiPodのよさをどう伝えるかという課題でした。

難しい話をしてもお客にはそのよさを実感してもらえない。そう考えたジョブズがひねり出したキャッチコピーが次のもの。

「1000曲をポケットに」

さすが数字使いの名人ですよね。一度聞いたらもう忘れられません。**数字は使いようによっては驚くほどの力を発揮する**のです。そして、数字を使う人の印象まで高めてしまいます。

そこで、今回の冒頭の言葉です。

「新しい習慣を身につけたいのなら、66日続けてごらん」

何か役に立つ習慣を身につけたいと誰もが思っています。

でも、どれくらい頑張ればいいのかがわかりません。1カ月とか1年とか何か指標があればいいんですが、それが曖昧だと、たとえ始めても三日坊主で終わってしまいそうです。

その指標を考案してくれた心理学者がいます。それが、ロンドン大学のフィリッパ・ラリー博士の研究チーム。博士らの研究によると、**新しい習慣を身につけるには平均で66日間かかることがわかった**というのです（2009年）。

あくまで平均なので、簡単なものであればそれほどかかりませんが、運動の習慣や勉強の習慣、早起きの習慣、読書の習慣などが、だいたい66日くらいで身につくことが判明しました。

66日かけてひとつ習慣が身についたら、次の目標にトライ。そうやって着実に身につけていけば、1年間で5つぐらいは習慣が身につくということ。そういう指標があれば、なんとなくやる気も出てきますよね。

〝66日〟ではなく、〝2カ月ちょっと〟という言い方もできますが、〝66日〟はゾロ目ですし、リズミカルで記憶にも残りやすい。**使う数字はリズミカルなほうがベター**なのです。

もし、何か習慣を身につけたいのに、踏ん切りがつかずに迷っている人がいたら、この言葉を教えてあげましょう。感謝されるだけでなく、教えてあげたあなたの好感度もアップするはずですから。

相手の気持ちを確実に言い当てるフレーズ

「キミって才能があるのに、それを上手に生かしきれていないみたいだね」

使いすぎには注意!

右の言葉を読んだ多くの読者が「なんだか自分のことを言われているような気がする」と思ったのではないでしょうか。それもそのはず。この文章は『**バーナム効果**』を使ってつくられたものだからです。

『バーナム効果』とは、**多くの人に当てはまることを言われているのにもかかわらず「これは自分のことを指しているみたい」「自分のことを言い当てられてしまった」と感じてしまう心理的効果のこと**。

たとえば、占い師に「あなたは今、人間関係で悩んでいるみたいね」と言われると、多くの相談者が「なぜ、この占い師は私の悩みがわかったんだろう!」と驚きます。

でも、それほど驚くことではないかもしれません。というのも、そもそも占い師のもとを訪れるということは、何らかの悩みがある場合がほとんどでしょうし、まったく悩みをもたない人なんて世の中にいるものでしょうか。

しかも、仕事にしても恋愛にしても、悩みの多くは人間関係から生じます。ですから、実は占い師は誰にでも当てはまる当たり前のことしか言っていないのです。それを「わっ、当てられちゃった」と相談者に思わせてしまうところがバーナム効果のマジカルなところです。

バーナム効果の名づけ親はアメリカの心理学者ポール・E・ミール。実在のサーカス興行師フィニアス・バーナムの「We've got something for everyone」（誰にでも当てはまる要点というものがある）という言葉にちなんで名づけたとされています。

このバーナム効果を上手に使うと、あなたも身近な人の心情を言い当てることができます。たとえばこんなふうに。

「あなたは人前では明るくふるまっているけれど、それは性格的に弱い部分を隠すためでもあるでしょ」（↓よほどの自信家でない限り当てはまります）

「あなたは案外傷つきやすいタイプね。人一倍ナイーブな面もあって、寂《さみ》しがり

屋でもあるみたい」（↓誰だってちょっとしたことで傷つくし、クヨクヨもします）

「自分を不器用な人間だと思っていて、自分の気持ちを素直に表現できないときがあるみたい」（↓どんなに器用な人にも、不器用な一面があるものです）

占いを好む割合は男性より女性のほうが圧倒的に多いように、**バーナム効果も実は男性より女性のほうが効き目が強く現われます。**

それは、女性が男性よりもはるかに「共感してもらいたい」「自分のことを理解してもらいたい」という気持ちを強くもっているからです。

バーナム効果を使った会話は、「この人は私のことを理解（共感）してくれている」と感じさせてくれるので、相手を信頼しやすくなります。

もし、このバーナム効果を気になる女性に好意をもってもらうために使いたいのであれば、その人にとってネガティブなことよりも、ポジティブなことを伝えるほうが効果はより高まります。

「キミってクールに見えるけど、わりと気遣いもできる人だと思うな」
「キミって普段は大人しいけど、仲良くなったら結構お茶目になるタイプでしょ」

ただし、バーナム効果の使い過ぎにはご注意を。基本的には「誰にでも当てはまること」なので、使えば使うほど言葉が薄っぺらく聞こえるからです。

コラム 2 ひらめきはほしいときには降りてこない!?

斬新《ざんしん》なアイデアがほしいのに、どんなに頭を絞っても叩いてもろくな案が出てこないときってないだろうか。

そんなときは、**ボーッとするのがいい**。

多くの科学者や発明家にアンケートをとったところ、発明や発見につながる重要なアイデアがひらめいたのは“B”で始まる3つの場所――「bus（バス)」「bed（寝室)」「bath（お風呂)」だったことがわかった。

それらに共通しているのは、どの場合も頭を使わずにボーッとしているときだということ。

実は近年、ワシントン大学のマーカス・レイクル教授の研究により、この**“ボーッとしているとき”のほうが、脳を意識的に働かせているときより約20倍ものエネルギーを消費、つまり活性化しているということが判明**した。

だからこそ、ボーッとなりやすい場所にいるときに、本人さえ思いもよらないひらめきが突然、生み出されることがあるというわけ。「じゃあ、年がら年中ボーッとしていればいいんだな」というのは早計！　ボーッとする前に知恵を絞るという努力があるからこそ、“ひらめき”は舞い降りてくることを忘れずに。

言われた相手がびっくりする最強のフレーズ

「本当に美味しそうに食べるね。見てるこっちも幸せになるよ！」

ほめるときは、相手が気づいていないところを男「背中のラインがきれいだって言われたことない？」
女「えっ、そんなこと言われたの、初めて」

あるアメリカ映画の中に出てきたワンシーンです。この後、2人はいいムードになるんですが、ほめ方にもいろいろなパターンがあるものです。

実はこのほめ方、心理学的には理にかなっています。

誰かにほめられた場合、ほめられた人は次の2種類の反応を示します。

・自己確認……自分がすでに認識（自覚）していることを再確認して納得する

・自己拡大……自分ではまだ認識（自覚）していない長所に気づかされて驚く

頭のいい人は自分が頭がいいことは自覚しています。だから、「頭がいいね」とほめられても、自己確認するだけですからそれほどうれしくはありません。

一方、自分でも予想外の意外なところをほめられると、自己拡大、つまり自分の長所や可能性が広がったような気がしてうれしくなってしまいます。

映画の中の女性も、「背中のライン」という意外なところをほめられたので、自己拡大してうれしくなってしまったのでしょう。つまり、**相手を喜ばせたいのであれば、相手が自分では気づいていない部分をほめるのが効果がある**ということ。

自分を知るのに役立つコミュニケーションモデルのひとつに『**ジョハリの窓**』というのがあります。これは、アメリカの心理学者ジョセフ・ルフトとハリー・インガムが提唱しているもので、自分というパーソナリティを次の4つの窓で表わしています。

①開かれた窓……自分も他人も知っている自己の領域
②秘密の窓…………自分は知っているが他人には気づかれていない自己の領域
③盲点の窓…………自分は気づいていないが他人は知っている自己の領域
④未知の窓…………自分も他人も気づいていない自己の領域

私たちは自分のことは自分がよく知っていると思いがちですが、実は周囲の人しか知らない自分（③）や、自分も周囲の人も気づかないでいる部分（④）も確実にあることを教えてくれるのがジョハリの窓なのです。

人間的または能力的に成長する余地のことを〝のびしろ〟といいますが、③や④があるからこそ自己拡大につながり、自分に〝のびしろ〟があることを実感して、やり甲斐《がい》や生き甲斐も生まれるのでしょうね。

自分ではなかなか気づけない部分なので、人からそういう部分を発見してもらうとうれしいですし、見つけてくれた人に感謝もします。相手への評価も高まりますから、友情や愛情が芽生えたりすることだってあります。

ですから、あなたに意中の相手がいるとしたら、その人が気づかないでいる部分をほめてあげましょう。きっとあなたに好意をもってくれるはずですから。

たとえば、食事を共にする機会があったら、ちょっとキザかもしれませんが、こんなふうにほめてみませんか。

「本当に美味しそうに食べるね。見てるこっちも幸せになるよ！」

3章

まるで古くからの知り合いのように感じる話し方

――「どうぞ」「知ってる？」「してもいい？」……

相手に強い印象を残す方法

「（とっても寒い日に）これよかったらどうぞ。温まりますよ（と、コーヒーカップやコーヒー缶を差し出す）」

人は「感触」に左右される

手がかじかみそうな寒い日、友人や同僚、また、気になる相手が寒そうにしていたら、ホットな飲み物をプレゼントしてあげてください。

その**温もりは相手の手に伝わります。すると、その温もりが心にまで伝わり、相手の心まで温めてくれます。**

それだけではありません。それと同時に、相手はプレゼントしてくれたあなたのことも〝温かい心の持ち主〟だと感じて、好意を示してくれるからです。

このことは、米国の心理学者らの研究でも確かめられています。

実験を行なったのは、イェール大のジョン・バーグ教授とコロラド大学のローレンス・ウィリアムズ教授。2人は物理的な温度が相手の性格を判断するのに、どのような影響を与えるかについて次のような実験をしました（2008年）。

まず、「人の性格を判断する実験だ」と前ぶれして参加者を募集しました。

参加者との待ち合わせは、実験室のある建物1階のエレベーター前。

出迎えた助手は手に書類とコーヒーカップを持っています。

そして、4階の実験室に上がるエレベーターの中で、助手は「書類にあなたの名前を書き込むので、ちょっとだけコーヒーを持っていてくれませんか」と参加者に頼みます。

実は、それこそがこの実験のキーポイントとなる仕掛けでした。

参加者は2つのグループに分けられていましたが、半分にはアイスコーヒーを、もう半分にはホットコーヒーを持たせたのです。

すると、どうでしょう。温かいコーヒーを持った人たちはアイスコーヒーを持った人たちに比べて、15%も多く助手を心の温かい人だと判断したのです。

人は「温かい」という表現を「寛大さ、思いやり、利他性」のような特徴と結びつけてしまう傾向があるということが実験でも証明されたのです。

確かに温かい人と聞くと、優しくて思いやりがありそうといった好意的な印象をもちますものね。

同種の実験で、被験者を硬い椅子《いす》に座らせて授業を受けさせると講師に対する評価が厳しくなり、フカフカの柔らかい椅子に座らせると評価が上がるという結果が出ています。

つまり、**感触が違うだけで人は評価を上げたり下げたりする**ということ。

最近の映画館の座席は、昔と比べると座り心地が格段によくなっています。値段の高いＶＩＰ席ともなると、より上質で幅広なシートが用意されています。

先の実験結果を考えれば、それは映画の評価をより高め、集客率を向上させるための方策なのかもしれませんね。

「これよかったらどうぞ。温まりますよ」

そう言って、温かい飲み物を差し出すだけで、相手のあなたへの評価は確実に上がるということ。

最近は、お客様に冷たいペットボトルを出す光景も多く見かけますが、淹《い》れたてのお茶にも意味があったのですね。

心が温かくなるホッとする言い方

「○○やね」

方言は人間関係を育むのに最適！

会話中、ふとした瞬間に誰かが「○○やね」「したっけ」「○○すると?」といった方言をもらすと、ホッとするような温かみを感じるものです。

方言が出てしまうときというのは気を許している証拠ですから、もらした相手のことを「自分には心を開いてくれているんだな」と感じてうれしくもなります。

関西のお笑い芸人のようにいつも方言を使っているとそれほど感じませんが、ちょっとした瞬間に出る方言にはとても親しみがわいてしまいます。

なぜ、方言には親しみを感じてしまうのでしょう。

それは、方言というものがその地域に生きる人びとの生活や人間関係を通じて、自然と生まれたものだからかもしれません。方言を使うことで「**ああ、この人とはつながっているんだな**」と実感できるのです。

そういう意味では、方言は人間関係を育むための言葉といえます。

一方、標準語はどうでしょう。

日本語に標準語という概念が成立したのは明治以降のこと。国家をひとつにまとめるために言葉も統一する必要があったからですが、そのおもな目的は情報を正確に伝え合うため。システマティックにできていますから、他人行儀な感じは否《いな》めません。

つまり、温かみという点では方言のほうが断然優れているということです。だからでしょうか、女性雑誌などで「話すと可愛い方言ランキング」といった特集がたびたび組まれたりします。

そうした特集でいつも上位になるのは、博多弁や京都弁といった母音《ぼいん》が強調される方言です。博多弁の「なんしようとぉ?」にしても、京都弁の「おおきにぃ」にしても、語尾の母音が印象に残りますよね。

日本語の母音は「a、i、u、e、o」の5つ。それを発音してみると、母音は声帯を鳴らすだけで発音することができ、口腔《こうくう》の形を変えるだけでバリエーションがつくれることがわかります。

それが子音《しいん》との違い。子音は、喉《のど》や舌、歯や唇を使わないと出ない音です。その点、母音は苦労せずに出せますから、角《かど》がなく柔らかい発音ができ、聞いた人にも安心して受け入れてもらえるのです。

つまり、母音が強調された言葉を聞くと、気持ちが安定し、安らぐということ。そのあたりが、博多弁や京都弁の人気の秘密かもしれません。

ということは、他の地域の方言も語尾を伸ばすなどして母音を強調すれば、より親しみやすく聞こえるということになりますね。

『パーソナルスペース』（対人距離）という言葉を聞いたことはあるでしょうか。

アメリカの文化人類学者エドワード・ホール氏が提唱したことで知られた言葉です。**パーソナルスペースには4つの種類（密接距離・個体距離・社会距離・公衆距離）があり、そうした距離感を適切に保つことができると人間関係はスムーズになる**し、できない人は相手にストレスや圧迫感を与えてしまい、うまく関係性が築けなくなってしまうといいます。

いつまでたっても相手との間に壁を感じてしまうとしたら、パーソナルスペースがうまくとれていないせいなのかも。

そうしたパーソナルスペースを一気に縮めてくれるのが方言です。

チャンスがあったら、会話の中に方言を取り入れてみませんか。そういえば、東京弁だって方言のひとつですしね。

コラム3 「イライラ」はこの動作で解消できる

誰だってイライラするときはある。

イライラを鎮《しず》める方法は、ゆったりした呼吸をするなどさまざまあるが、なかでも、アメリカのタフツ大学の心理学者スーザン・ロバーツが編み出した手法は少し変わっている。それが『**フォアヘッド・タッピング**』というもの。

①どちらの手でもいいので、５本指を広げて、おでこにおく
②５本同時に、１秒間隔でおでこを軽く叩く

この動作をイライラがおさまるまで続ける。それだけ。

なぜ、こんなことがイライラに効くかというと、「おでこを叩く」という作業に意識を向けることで、脳が指の動きや額《ひたい》の感覚などの情報を処理しようとする。

そのせいで、脳にイライラに関わる情報処理をする余裕がなくなり、結果的にストレスがリセットされてしまうからだ。

もし、近くにイライラしている人がいたら、やり方を教えながら一緒におでこをタッピングしてみては？　きっと人のイライラを見ているあなたのイライラ予防にもなるはずだから。

「ちょっとしたお願い事」に隠された戦略

「観葉植物に水やり、お願いしてもいい？」

心をつかむ一番の近道

人の気持ちというものは不思議なもの。

相手を特別意識していたわけでもないのに、何かと世話を焼いているうちに、その人のことがだんだん気になってしまい、ついには恋に落ちてしまったという経験をする人が少なからずいます。

そうした心理の裏には、実は『**認知的不協和**』という理論が隠れているのをご存じでしょうか。

アメリカの心理学者レオン・フェスティンガーが提唱した理論（1957年）なのですが、人って**自分の考えが自分の行動と相容《あいい》れない状況になったとき（つまり、認知の不協和が生まれたとき）、そのズレを解消しようとして辻褄《つじつま》を合わせようとする**のです。

世話を焼いているうちに恋に落ちてしまうのも、当人が次のように考えて自分で自分を納得させてしまうようです。

彼は何かと世話の焼ける人

←←←私が助けてあげないと、彼は一人前の仕事ができない
←←←でも、なんで私が助ける の？
←←←嫌いな人を助けるわけないし。あっそうか、私は彼のことが好きなんだ。
だから助けたくなっちゃうんだわ！

こんなふうに自分なりの理屈をつけて、行動や感情を正当化しようとするわけです。事実、

「マネージャーとして何かと世話を焼いていたら、プライベートでも世話を焼くことになってしまった」

「失恋の相談に乗っていたら、情が移っちゃって……」

そんな理由から誕生したカップルは珍しくありません。

世話を焼く、焼かせるというのは、恋への近道だということ。意中の相手がいるなら、その人にどんどん頼み事をしたほうがいいということです。

もし、あなたが「頼み事をするなんて、相手に申し訳ない」「そんなことをしたら嫌われてしまうかも」といった考えをもっているとしたら、改める必要があります。**人は少なからず、「誰かの役に立ちたい、人のために何かをしたい」と思っている**のですから。

あまりにも手に余ることなら別ですが、相手に世話を焼かせるというのは、自分のためだけでなく、相手の援助欲求を満足させることになるのです。

頼み事は、「観葉植物に水やり、お願いしてもいい?」のように、ちょっとしたお願い事で十分。ただ、ちょっとだけプライベートなことで、あなたという存在を印象づけるもののほうがベターかもしれません。

気になる相手がいたら、勇気を出して頼み事をしてみましょう。

リピーターにさせてしまう言い方

「またいらしてくださいね（と、客の姿が見えなくなるまで手をふる）」

興奮したとき、終わったときにどんな気持ちでいるかディズニーランドやユニバーサル・スタジオなどのテーマパークに行くと、人気アトラクションには長蛇《ちょうだ》の列ができています。待ち時間が2、3時間に及ぶことも珍しくありません。そうやって長時間並んでも、アトラクションを楽しめる時間はせいぜい5分程度。怒り出す人が出てきても不思議ではありません。なのに、体験した人はみんなニコニコ。なかには、性懲《しょうこ》りもなくまた長蛇の列に並ぶために走り出す人までいるほどです。

なぜ私たちはたった5分間の楽しみのために、長時間並ぶことを厭《いと》わないのでしょうか。実は、そこには**『ピーク・エンドの法則』**が働いています。

ピーク・エンドの法則とは、**「人はある出来事に対し、感情がもっとも高まったとき（ピーク）の印象と、最後（エンド）の印象だけで全体的な印象を判断する」**というもの。

絶叫系のアトラクションの場合は、乗っているときの興奮（ピーク）と終わった後のカタルシス（エンド）が5分間に凝縮されています。それがあまりにも強く印象に残るので、行列に並んでいる間の苦痛や退屈は記憶からかき消されてしまうのでしょう。だから、「また乗りたい！」という衝動がわき起こるのです。

行列のできる人気のラーメン店などに並ぶときにも同じ法則が働きます。

美味しい料理を食べている間の喜びと食べた後の満足感がピークとエンドの体験として残るので、行列に並んでうんざりした記憶が薄れてしまい、「並んでよかった」といういい思い出だけが心に刻まれるというわけです。


この法則は、ビジネスでも応用できます。

無駄に長い会議は、参加者のやる気を萎《な》えさせてしまいがち。そこで目立つ発言をするのは至難の業。そういうときにこそ、ピーク・エンドの法則の出番です。

会議が終盤に差しかかったら、元気よく手を挙げてこう発言するのです。

「**最後にひとつ、よろしいでしょうか**」

会議でそれまで発言もせず目立たなくても、このひと言であなたの発言がぐっと印象的になり、存在感をアピールすることができるからです。もちろん、発言の内容によっては悪目立ちしてしまうこともありますが……。

またこの法則は、人に好印象を与えたいときにも活用できます。その場合もエンドの部分、つまり〝別れ際〟をどう印象づけるかに気を配ることが大切です。なぜなら、会話中のどこをピークだと捉《とら》えるかはなかなか判断がつきませんが、エンドの部分なら自分で自在に操れるからです。

たとえば、こんな経験はないでしょうか。

飲食店で食事をした後、店のご主人が見送りに出てきてくれただけでなく、自分たちの姿が見えなくなるまで手をふったりお辞儀をしてくれたといった思い出。そんな心遣《こころづか》いをしてもらうと、強く心に残ります。そして、「また近いうち、来よう」と思うはず。おかげで、その店の常連になってしまうことだってあります。それだけこの法則は強力なのです。なによりいいのは、やる気さえあれば誰でもできること。

もし、知り合いがあなたの家を訪ねてきてくれたときは、この法則を思い出してみてください。そして、可能なら家族総出でお見送りをしてみましょう。きっと来客者は感激してくれるはずですから。

この気持ちが人を成長させてきた！

「それ、面白そう！」

「なぜなぜ」がある限り、新しいものが生まれる

「私には特別な才能などありません。ただ、ものすごく好奇心が強いだけです」

これは、物理学の世界に多大な功績を残したアインシュタインが「あなたの強みは何か？」という問いに対して答えた言葉だそうです。


「これは何だろう」

「面白そう」

「本当かな」

「ほかにやり方はないのかな」

「試してみよう」

「うそ！　ホント!?」


こうした好奇心と探求心がある限り、人間は成長をし続けることができるとアインシュタインは考え、それを生涯まっとうした人だったと思われます。

人間の脳は、新しいものを好む『ネオフィリア』という特殊な性質をもっています。

その原動力は好奇心。この地球上で私たち人間だけが驚くほどの進化を続け、高度な文明を築き上げたのは、新しいものを好み、探求する性質をもっていたからだと脳科学者はいいます。

世の中をいろいろな意味で変えていく力をもつ人の共通点は〝好奇心旺盛《おうせい》〟だという点です。

普通ならある程度、結果が出せれば、「まあ、これくらいでいいか」と満足するところですが、彼らはやめません。尽きない好奇心がその先を求めるのです。それが思いも寄らぬ結果を生み出すので、ますます好奇心がふくらみ、また新たな成果を誕生させてしまうのでしょう。

私たちだって、子どもの頃は好奇心のかたまりだったはず。〝なぜなぜ期〟といって、幼稚園に入る頃になると子どもたちは「なぜ?」「どうして?」を延々とくり返して、親たちを困らせます。子どもは誰もがネオフィリアなのです。

その頃を思い出せとはいいません。無理な話です。でも、どんなに歳をとっても、好奇心はいつでも発動できるようにしていたいものです。

そのためには、ネオフィリアな人たちのツメの垢《あか》を煎《せん》じて飲む必要があるかもしれません。彼らの習慣をマネてみるのです。

彼らに共通するのは、次のような点です。

- **普段から好奇心のアンテナを研《と》ぎ澄ませている**
- **寄り道や回り道を積極的にする**
- **考えるより先に歩き出す**
- **ささいなことでも感動でき、ハマることができる**
- **物事を楽観的に考えられる**

ネオフィリアな人がよく口にするのは「それ、面白そう！」です。手始めに、それを口ぐせになるほど連発してみるのはいかがでしょう。

頼み事の前にワンクッション

「ご贔屓のチーム、最近調子がいいみたいですね」

「タイミング」に注意！

サウナといえば、ひと昔前はおじさんが集《つど》う場所というイメージがありました。

それが最近では、サウナーやサ活、サ道、ととのうなど、サウナに関する流行語が次々と生まれて若者世代にも大人気です。

サウナは日頃の疲れを癒やしたり、代謝をよくしたりしてくれるなどの効果だけでなく、美肌効果やリラックス効果が得られるということで、今や女性にも人気の場所です。

先日、訪れたサウナ施設の職員さんによると、「週末金曜日の午後から混み始める」のだそう。それだけ、一週間の仕事の疲れをサウナで解消しようとする人が多いということ。サウナで心身ともにオンからオフに切り替えて、週末を存分に楽しむというのが最新のトレンドなのかもしれませんね。

『気分一致効果』という心理学用語があります。アメリカの心理学者ゴードン・H・バウアーにより提唱された理論（1981年）で、これは非常に単純明快で、誰もが経験したことのある次のような効果です。

・楽しいときは気分がいいので、楽しい気持ちに即した行動をしやすくなる
・不快なときは気分が悪いので、不快な気持ちに即した行動をしやすくなる

アメリカンフットボールの決勝戦であるスーパーボウルの際に流されるCM枠の広告料金は、毎年のように史上最高額を更新しているそうです。CMを流す企業が大枚をはたくのは、それだけの見返りが期待できるから。スーパーボウルを楽しんだ視聴者の財布のヒモが大いに緩《ゆる》むのがわかっているからです。

それを知ったうえで、考えてみてください。

ちょっと無理めな頼み事をする場合は、相手がどういう状態であったほうが成功率が高いでしょうか。

もちろん、気分がいいときに頼み事をするほうがいいに決まっています。

気分がいいときは『気分一致効果』が働いて、YESという返事をもらえる可能性が高まるからです。相手の気分が悪いときに頼み事をしても『気分一致効果』のせいで軽くあしらわれるか、はぐらかされるのがオチです。

ですから、最近のトレンドを活用すれば、「頼み事をするのなら、週末、相手がサウナでととのった後に」ということになるわけです。

もちろん、相手がサウナ好きとは限りませんから、相手がどんなことを楽しみにしているのかをリサーチしておく必要があります。

とはいえ、それをリサーチできなくてもガッカリする必要はありません。**『気分一致効果』は、現在の状況だけでなく、過去や未来の感情にも働く**とされているからです。

たとえば、過去の楽しい出来事を思い出しているときや、これから起こりそうな楽しいことを期待しているときなどのワクワク感によっても、人はポジティブな行動を起こしやすいのです。

ですから、頼み事をする前に雑談で、「お子さん、希望の大学に入学が決まったそうですね」とか「ご贔屓《ひいき》のチーム、最近調子がいいみたいですね」といった相手が喜びそうな話題を持ち出しておけば、頼み事や願い事に耳を貸してくれる可能性が大いに高まるということです。

言葉＋〇〇でもっと伝わる！

「知ってる？　この手話の意味（と、手をパーの形にして中指と薬指を折り曲げる）」

表情、身ぶり、手ぶりもコミュニケーションツールのひとつ手話は耳の不自由な方たちが手や体の動きを使ってコミュニケーションできるようにしたもの。目で見て理解する言語です。

でも、手話はそういう方たちだけのものとは限りません。

耳が聞こえる人たちだって友達や家族と話すとき、表情や身ぶりも使っているはずです。

手話のように体系化はされていないものの、謝るときには手を合わせますし、相手に黙ってほしいときは唇に人差し指を押し当てます。別れるときだって自然と手をふっていますものね。

私たちは言語（バーバル）を使って会話をしていますが、実はそれだけではなく身ぶり手ぶりのような非言語（ノンバーバル）も思った以上に使っています。

それを**非言語（ノンバーバル）コミュニケーション**と呼んでいます。

つまり、手話は特別なものではないということ。それだけに簡単な手話を覚えると、意思の疎通《そつう》も交流の輪も広がります。

そこで、冒頭の言葉です。

「知ってる？　この手話の意味」

そう言って、手をパーの形にして相手に見せた後で中指と薬指を曲げます。すると、親指と人差し指と小指が立った形になります。

実はこれ、手話では**「I love you」のサイン**なのです。

アメリカでは小指が「I」、親指と人差し指で「L」、親指と小指で「Y」を表わします。その指文字を一度に出すと「I love you」になるというわけです。

このサインは1900年代の初頭にできたとされていますが、それをアメリカのクリントン元大統領やオバマ元大統領、またチベット仏教の指導者ダライ・ラマ師などが使ったことで一般にも広がり、世界中に普及したといわれています。

言葉に日本語や英語があるように、手話もそれぞれの国で違いがあります。なので、日本語の「愛しています」の手話は別のやり方で表現しますが、片方の手だけで簡単にできるのがこの世界普及バージョンの強み。チャンスがあったらぜひ、あなたも使ってみてください。

特に、私たち日本人は自分の気持ちを直接言葉で伝えるのを苦手にしています。でも、この手話なら簡単にできますし、意味を教えてあげることで結果として自分の気持ちを相手に伝えることができます。恥ずかしがり屋さんはぜひお試しを。

なかには、

「〝愛している〟じゃ足りない。もっともっと好きだということを伝えたい」

という情熱派もいるかもしれませんね。

そんな方は、この手話を活用してはいかがでしょう。

日本では2022年に公開された映画『コーダ　あいのうた』は、耳の不自由な両親と兄をもつ10代の少女コーダの物語でした。

家族の中でただひとりの健常者であったコーダは、大好きな歌の道に進むか、それとも家族が外の世界とつながりをもてるよう架け橋の役を続けるかで悩みます。

結局、コーダは家族の応援を背にバークリー音楽大学へ旅立つことになるのですが、そこでコーダは家族たちに精一杯の思いを込めて手話でサインを送ります。それはただの「I love you」のサインではありませんでした。中指を人差し指にひっかけることで「really」の頭文字である「R」の意味がプラスされていたのです。

つまり「I really love you（本当に愛してる）！」というサインだったということ。

情熱派の方は、参考になさってみてください。

コラム4 苦手な人がいい人に見えてくる？

朝、テレビで見た占いで「今日のラッキーカラーは赤！」と言われたら、なぜかその日は赤色ばかりが自然と目に飛び込んでくるということはないだろうか。
それもそのはず。そこには『**カラーバス効果**』が働いているから。これは、**ある特定のことを意識するだけで、日々の生活の中でその特定の情報が自然と目に留まりやすくなる現象**のことをいう。

そもそも人間の脳は、情報を詰め込み過ぎてしまうと処理しきれずに容量オーバーになってしまう。そのため何か特定のものを選択し、それに集中することで情報が素早く処理できる仕組みになっている。
だから、例のような色に限らず、何か特定のものを意識すると、脳が自然と関連する情報を集めてしまい、目に飛び込んできやすくなってしまうのだ。

試しに、いつも「苦手」と思っている人の「いい一面」を意識してみるといい。今まで「いやなところ」しか目に飛び込んでこなかったのがウソのように、「いい一面」を目撃することが増えてくるだろう。

うまく仲直りするなら

「私のほうこそ、ごめんね」

謝罪の言葉を言いやすくなる場所がある!?

どんなに仲のよい人同士でも、つき合いが長くなるにつれてちょっとしたことでケンカになってしまうことがあります。

ケンカはできれば避けたいものですが、もししてしまった場合は、できるだけ早いうちに互いの誤解を解いたりして仲直りをしたいもの。

仲直りするきっかけとして食事をするのはとてもいい方法ですが、どんな店を選べばいいかといえば、心理学的には寿司屋がベターなのです。

なぜなら、寿司屋ならばカウンターで食事ができるから。カウンターなら横並びに座れます。その並び方は仲直りするのには非常に適しているのです。

『**スティンザー効果**』という心理学用語を耳にしたことはあるでしょうか。

これは、アメリカの心理学者スティンザーが提唱したもので、**テーブルのどの位置に座るかで人に与える印象が変わる**ことを示したものです。

スティンザー効果には、次の3原則があります。

①正面に座る人同士は、視線を合わせて話すことを強制されているように感じるため、緊張や対立の意識が芽生えやすい。
②真横に座る人は、視線を合わせなくてすむ気安さから仲間意識が芽生えやすい。
③斜めに座る人とは視線も自由にでき、緊張もしないので、対立しにくくなる。

つまり、座って心地よさを感じるのは「真横」か「斜め」で、「正面」はちょっと居心地が悪いということです。

レストランなどで食事をする場合は、だいたいテーブル席で面と向かい合うことになります。スティンザー効果の3原則に当てはめると①です。

するとどうでしょう。せっかく仲直りしようとしているのに、緊張と対立の意識が芽生えますから、いきなり雲行きが怪《あや》しくなります。

お互い表情も硬くなりますし、物言いもつっけんどんになって、「そういえば、前にケンカしたときも、食事で私を丸め込もうとしたよね」なんて、持ち出す必要もない過去の話が飛び出したりして、どんどん険悪になり、ついには怒ったどちらかが席を立ってしまうなんて事態にも。そうなったら最悪です。

その点、寿司屋ならば、回るタイプの店は別にしてカウンター席に案内されます。つまりは②の席です。横並びで視線を合わせる必要もないので、気まずい雰囲気にもなりづらい。しかも、目の前に職人さんがいるので声を荒らげる環境でもありません。

お互い仲直りする気持ちがあるのなら、スムーズに自分の非を認めたり、謝罪したりすることができます。「私のほうこそ、ごめんね」のひと言も出やすいわけです。ですから、仲直りする店としては、寿司屋に勝る場所はないと言えるのではないでしょうか。

でも、寿司屋は予算的に問題があるという人もいるかもしれません。その場合、照明を落とした雰囲気のよいスタンドバーで仲直りをするという手もあります。

そんなお金もかけたくないという場合は、公園のベンチでも並んで座れますが、その場合は、天気予報ぐらいは確認しておきたいものです。座った途端、雨風ではいくら横並びに座ってもスティンザー効果の効き目は皆無だと思われますので。

そもそも人の集中力は「長くは続かない」から……

「疲れたら、キリの悪いところで休憩しよう」

エンジンのかかりやすいところで止めてみる

「継続は力なり」とはいうものの、毎日何かをし続けるのは思った以上に厄介《やっかい》なことです。なかなかひとつのことを継続できずに悩んでいる人も多いのではないでしょうか。

「続けたい気持ちはあるんだけど、集中力がすぐ切れちゃう」
「何か始めても、途中ですぐに気が散ってしまう」

そんな悩みを抱えている人は多いと思います。でも、落ち込む必要はありません。**人間の脳はそもそも集中力が長く続くようにはできていない**からです。

大学の講義の時間が90分になっているのは、人の集中力の限界がギリギリそれくらいだからだそうですし、研究者によってはもっと短いともいわれています。

継続させるには休憩も必要だということです。

集中力を維持し、継続を促《うなが》すテクニックとしては、『**ポモドーロ法**』と呼ばれる時間管理術が有名です。

仕事や勉強を25分ごとに分割して、途中5分間の休憩をはさみながらきっちり決められた時間でタスクを実施していくというもの。

これは、イタリアのコンサルタントであるフランチェスコ・シリロ氏により1987年に考案されました。シリロ氏自身、集中力が続かず悩んでいたそうで、それを克服するための研究の成果が「25分作業＋5分休憩」だったのだそうです。

個人的におすすめなのは、アメリカの文豪アーネスト・ヘミングウェイが試みていた執筆継続法です。

人はいったん休むと、またエンジンをかけるのに時間がかかるものです。そこで、彼は執筆作業を中断した後でもすぐに仕事にとりかかれるような工夫を思いつきました。それは、**中断するとき、キリのいいところで終わらせずに、中途半端なところで終わらせる**ことでした。

すると、人間不思議なもので、そのことが気になって頭から離れなくなってしまうのです。そういう心理を『ツァイガルニク効果』といいます。

これは、**未完成なものや何らかの理由で中断されたものは、人間の注意や関心をひきやすい**という心理現象を表わす心理学用語。

連続テレビドラマが、いつも『うわあ、この後どうなる?』という場面で終わるのは、ツァイガルニク効果を働かせるため。視聴者に継続視聴を促すためです。

ヘミングウェイはその効果をうまく利用し、中途半端なところで仕事を終わらせることで、休憩後もすぐに執筆を再開できるように工夫していたというわけ。

実際、この方法はとても効果があります。食べた物の繊維が歯の隙間《すきま》に残っていると、ずっと気になりますものね。そんな気持ちの悪さがあるのです。

なので、この執筆促進法は彼の名にちなんで『ヘミングウェイ効果』と呼ばれています。

つまり、仕事はキリのいいところで終わるのではなく、キリの悪いところで終わらせて休憩をとるのがコツということ。

あなたも試してみませんか。

4章

その場の雰囲気を一変させる「不思議なひと言」

――「なんか」「大丈夫」「気がする」……

「なんかうまくいきそうな気がする！」

運は「自分で磨く」ことができるもの

運のいい人と悪い人っているのだろうか。

いるとしたら、どんなところに違いがあるのだろうか……。

それを心理学的見地から研究した人がいます。イギリスの心理学者リチャード・ワイズマン博士がその人。

博士が400人以上の被験者を調査したところ、運のいい人と運の悪い人には考え方や行動パターンに次のような違いがあることがわかりました(2003年)。

運のいい人……リラックスしていて視野が広いので、意図していたこと以外のチャンスも気づきやすい。また、直感に従い、新しい経験を積極的に受け入れる傾向あり。

運の悪い人……神経質なタイプが多い。そのため、不安感が強く視野も狭いので、ひとつのことに集中するあまりに目の前のチャンスを見逃してしまったり、思わぬ事故に遭遇してしまうことも。

確かに、運のいい人は物事を前向きに捉えるせいか、幸運が向こうからやってくるような気がします。一方、運の悪い人は何事に対しても悲観的で、初めから「できない」「無理」とあきらめている節があります。

けれど、運が悪いと思っている人もあきらめるのはまだ早い、と博士はいいます。というのも、「運は磨くことのできるスキルである」ことを『ラック・スクール』という別の実験で確かめたからです。

実験の目的は、「運の悪い人を、運のいい人の考え方や行動をマネるように指導したら、幸運な人と同じ成果を得られるだろうか」というものでした。

結果は上々。ラック・スクールの卒業生の80％が、運がよくなったと実感したというのです。しかも運がよくなっただけでなく、幸福感も強くなったというのですから、聞き捨てにはできません。

アイルランドに、「幸運とは、自分が幸運であると信じること」ということわざがありますが、気のもちようが運を左右しているようなのです。

私たちには心に浮かんだ予感と現実とを一致させようという心理が働くことが知られています。それを『自己成就的予言《じこじょうじゅ》』といいます。自分で「こうなるのではないか」と思って行動していると、実際にその予感が現実のものになってしまうのです。

この心理現象はプラスにもマイナスにも働きます。

「なんかうまくいきそうな気がする」というプラスの予感が働くと、その通りになります。たとえば、受験に合格したり、恋が成就したりなどです。

一方、「失敗しそうだ」「いやな予感がする」といったマイナスの予感が働くと、その通りに残念な結果になってしまうのです。

ネガティブ思考の人は、マイナスの予感ばかり思い浮かべてしまいます。だから、マイナスの自己成就的予言ばかり的中させてしまうのでしょう。それでは人生虚《むな》しくなるばかり。

幸運の女神を味方につけたいのであれば、運のいい人の考え方や行動のマネをすればいいということ。それをくれぐれもお忘れなく。

前向きな気持ちになる言い方

「やっぱり見た目のいい人にはかなわないよね」「人は見かけによらないとも言うよ」

マイナス言葉にはプラス言葉で返す

お祝いごとやお悔やみごとで、縁起《えんぎ》が悪いという理由から使用することがタブーとされている言葉を忌《い》み言葉といいます。

たとえば、婚礼の儀式や宴席《えんせき》などでは「終わる」「帰る」という言葉は縁起が悪いものとして嫌われ、「お開きにする」と言い換えられています。この「お開きにする」は、平安時代末期から現在に至るまで、ずっと使用されている言葉なのだとか。

言葉って時代によってどんどん変化していくものですが、忌み言葉だけは例外なのかもしれません。

2人の人生をスタートさせる結婚式では、特に「別れ」を連想させるような言葉はNGとされていて、次のように言い換えられます。

・「スタートを切る」↓「スタートラインに立つ」
・「忘れられない思い出」↓「思い出に残るエピソード」
・「死ぬほど」↓「とても、すごく」

・「離れ離れ」↓「遠くで暮らす」
・「花びらが散る」↓「花びらが舞う」

まあ、あまり神経質になるのもどうかとは思いますが、日本人がこのようにマイナスのイメージをプラスのイメージに変える努力をしてきたのは、言葉には強い影響力があることを身をもって知っていたからにほかなりません。

また、新郎新婦にとって結婚式は一生の思い出となるものですから、誰もが心から祝福する気持ちでポジティブな表現を選びます。お祝いのスピーチなどでも、なるべく否定的な言葉は使わないほうがいいとされています。

たとえば、「新郎は頑固な人で」ではなく「新郎は意志の強い人で」。「新婦は内気な人」ではなく「新婦は心優しい人」といった具合。

このように**言葉のイメージを言い換える**ことを、心理学では『**リフレーミン**

グ』といいますが、特にマイナスのイメージの言葉をプラスのイメージにリフレーミングできる人は心証《しんしょう》もいいですし、周囲からも高い評価をもらえます。

ですから、こうした心遣いは結婚式だけでなく、普段の会話の中でも実践したいもの。

冒頭のやりとりのように、「やっぱり見た目のいい人にはかなわないよね」と、自分を卑下《ひげ》している人には、「人は見かけによらないとも言うよ」などとリフレーミングしてあげると、ちょっぴりでも前向きな気持ちにさせてあげることができます。

「私、よく友達から**ケチ**って言われるの」

「**倹約家**ってことかな」

「僕って**優柔不断**なんだよね」

「それは**思慮《しりょ》深い人**の悩みのひとつだね」

「私、意外と**おおざっぱ**なんだ」

「俺は好きだな、**おおらか**な人」

こんなふうに、短所に聞こえる言葉を長所にリフレーミングできる人って、きっと誰からも好かれるはずです。

コラム5 「やる気」には出し方がある

やらなきゃいけない勉強や仕事は山積みなのに、なんだかやる気が出ない……。そんなときの打開策がある。

ドイツの精神科医エミール・クレペリン博士は、人間の脳にある「側坐核《そくざかく》」という部位に刺激を与えることで、やる気が引き起こされることを実験で証明した。

刺激の与え方はいたってシンプル。**とにかく「やり始める」こと。**

たとえば、ノートに何か書き始めると、指先と視覚から刺激が脳に伝わることで側坐核が反応し、アセチルコリンという神経伝達物質の分泌を促す。

この**アセチルコリンにはやる気を引き出し、集中力をアップさせる効果がある。**そのため、とりあえず何かを始めただけで、やる気がわいてくるようになるのだ。

ただし、博士が『作業興奮』と名づけたこの力を引き出すにはひとつコツがある。

それは、いきなり難しい課題には取り組まないこと。

というのも、この効果が現われるのに５～１０分ほど時間が必要なので、いきなり面倒な作業にとりかかると、やる気が出る前にいやになりかねない。

勉強だったら、まずは書き取りやノートの整理、ネットの検索作業でもやって肩慣らしをするのがいいというわけだ。

「おまじないの言葉」がもつ不思議なパワー

「痛いの痛いの飛んでいけ〜！」

「信じる人」ほど救われる!?

「痛いの痛いの、飛んでいけ～！」

子どもの頃、膝《ひざ》小僧を擦《す》りむいたときなどに、そんなおまじないをかけてもらった経験はありませんか？　すると、不思議なことになんとなく痛みがやわらいだような気がしたものです。

こうした〝痛みに効くおまじない〟は日本だけでなく、世界各国・各地にあるようです。

たとえば、アメリカのある地方では、「痛いの痛いのどこかいけ、別の日に戻って来い」と唱えるのだとか。忘れた頃に痛みが戻ってきたら、ちょっとびっくりしてしまいそうですけどね。

タガログ語を話すフィリピンでは「痛いの痛いのどこかいけ」。スペイン語圏のアルゼンチンでは「治れ治れカエルのお尻。もし今日治らないのなら明日治れ」と言うのだそう。

どれもリズミカルで覚えやすいところは一緒。しかも、どの国でもこうしたおまじないは現役バリバリで使われているのだそうです。

科学万能のこの時代に不思議な気もしますが、今も現役なのにはちゃんと理由があります。それは効果があるから。

『プラシーボ効果』という言葉、どこかで耳にしたことはないでしょうか。『偽薬《ぎやく》効果』とも呼ばれていますが、**薬効成分の入っていない薬でも、医者が「よく効きますよ」と言って処方すると、それを飲んだ患者の容体が改善したり、時には治癒したりしてしまう効果のこと**をいいます。一種の暗示効果です。

そのメカニズムは、完全には解明されていないものの、信頼のおける医者であればあるほど、その人が処方してくれた薬を飲んだという安心感が体にひそむ自然治癒力を引き出すのは確かなようです。

この効果は偽《にせ》の薬がなくても、言葉だけでも発揮されることがあります。

それが「痛いの痛いの飛んでいけ」といったおまじない。

大好きなお母さんが言ってくれたことを信じて、「これで痛くなくなる」と思い込むことで、実際に痛みがやわらぐことがあるのです。

言葉がもつとされる霊力のことを〝言霊《ことだま》〟といいますが、**言葉の暗示効果は意外なほど強力**なのです。

ただし、この暗示効果は、プラスにもマイナスにも働きます。

「ただの気休め」「子どもだまし」などと疑っていると、効果は減じるどころか、なくなってしまいますし、マイナスに働くことだってあります。

子どもの頃、学校に行きたくなくて、「お腹が痛い」と痛いフリをしていたら、なんだか本当に体調が悪くなったという経験をもつ人がいます。それは、暗示がマイナスに働いたせいです。

そうしたマイナスの現象を『**ノーシーボ効果**』と呼ぶ学者もいます。

おまじないや縁起かつぎの効果をプラスに働かせたいのなら、その効果を素直に受け入れることがなにより大切。とにかく信じることです。その**気持ちが強ければ強いほど、効き目もよくなります**。

まさしく、信じる人こそが救われるのです。それをお忘れなく。

なぜか今ある悩み事がちっぽけに思えてくる

「部屋の模様替えでもしてみようか」

旅をしたのと同じくらいの効果あり

部屋の模様替えの話の前に、まず宇宙の話を。

「地球は青かった」

1961年4月12日、旧ソビエトの宇宙飛行士、ユーリ・ガガーリン氏が人類初となる宇宙飛行をしたときに発した有名な言葉です。

以来、半世紀以上の年月が流れましたが、宇宙を経験した多くの宇宙飛行士が口をそろえて、「世界観が変わった」「世の中を見る目が変わった」といいます。

宇宙船から地球を眺めているうちに、小さなことが気にならなくなり平和な気持ちになったといいます。宇宙の巨大さ偉大さを実感し、人類のいざこざなどがくだらないことに思えてきたというのです。

地球全体を見下ろすという普通では絶対あり得ない体験が、人の心にある種の陶酔《とうすい》感や恍惚《こうこつ》感を覚えさせたり、場合によっては意識の改革さえ促したりすることがあるのでしょう。

そうした現象のことを『**オーバービュー・エフェクト（概観《がいかん》効果）**』といいます。命名者はアメリカの作家フランク・ホワイト。彼は、多くの宇宙飛行士へのインタビューを通して、この言葉を考案したといいます。

そこから、**物ごとと距離をとることによって、自分を含めた物ごとを客観視できるようになる**ことを、心理学でも『オーバービュー・エフェクト』というようになりました。また、脳科学的にも、『オーバービュー・エフェクト』による刺激は、脳の前頭葉《ぜんとうよう》を活性化させ、脳機能を高める効果があるといわれています。

宇宙飛行士でもない私たちが宇宙へ行けるようになるのは、技術的にも金銭的にもまだ先の話です。でも、そんな私たちでも『オーバービュー・エフェクト』は体験できます。

それが**旅**です。旅に出てみて、自分で悩んでいたことがちっぽけに感じたり、些《さ》細《さい》なことが気にならなくなったり、といった体験をしたことのある人は多いのではないでしょうか。

問題の渦中《かちゅう》にいるときは気づかないことでも、**ちょっと離れて全体像が見える位置まで移動すれば、それが何かが明確になります**。それには物理的、空間的な距離をとることができる旅が最適というわけです。

非日常を期待するのであれば海外旅行をするに限りますが、すぐにというわけにはいきませんし、予算の問題もあります。なかには、旅は苦手という人もいるかもしれません。

そういう人におすすめなのが部屋の模様替えです。物理的、空間的に変える必要があるので肉体を酷使《こくし》する必要はありますが、汗の量に見合った効果は期待できるはず。

移動させるついでに、今まで捨てられなかった家具や道具などを断捨離してみましょう。捨てることで過去の自分の一部と決別ができます。

日頃、**頭脳労働ばかりしている人にとっては、肉体労働は気分転換にもなる**ので、簡易版ではありますが、『オーバービュー・エフェクト』を味わってみてください。

やる気スイッチが発動する言い方

「チャチャッと終わらせちゃおう！」

サクサク、シーン、ズキューン……「オノマトペ」は効果絶大！

「体のどこかに〝やる気スイッチ〟があったらいいのに」

そう思ったことはありませんか。

「実は、あるんです」と、脳科学者はいいます。しかも、その場所も判明しているというのです。

やる気スイッチがあるのは、脳の奥のほうにある線条体《せんじょうたい》という部分。線条体は、運動の開始・持続・コントロールなどに関わっていますが、それだけでなく、やる気、意欲の中核も担《にな》っているというのです。

線条体が活性化していると、やる気や意欲がある状態＝やる気スイッチがONの状態になるのだとか。

では、どうやったら線条体を活性化できるのでしょう。『「すぐにやる脳」に変わる37の習慣』の著者で脳科学者の篠原菊紀博士によると、**オノマトペを使うことで脳の線条体が活性化する**ことがわかったのだそうです。

オノマトペとは、さまざまな状態や動きなどを音で表現した言葉のこと。大きく次の3つに分類されています。

・擬音語……ガチャン、ドカンなど音を言葉で表わしたもの
・擬声語……ワンワン、ニャアニャアなど人や動物の発する声を表わしたもの
・擬態語……ふっくら、すべすべなど物事の状態を表わすもの

日本語は特にオノマトペが多く用いられる言語といわれていますし、漫画で育ってきた人たちにとっては使うのが当たり前、常識中の常識だと思われます。

オノマトペの素晴らしい点は、自由につくり出せるところ。漫画の中にはさまざまなオノマトペが自由奔放《ほんぽう》に書き込まれていますが、静けさを表わす「シーン」は、漫画の神様・手塚治虫《おさむ》氏がつくり出したものとして特に有名です。

今や日本の漫画は世界中に〝MANGA〟として輸出されています。外国の漫画オタクの中には、次々に出てくる新鮮で魅力溢れるオノマトペに〝ズキューン〟

とハートを撃ち抜かれた人も大勢いるのではないでしょうか。

篠原博士は、そんなオノマトペを使って表現した場合と、使わずに表現した場合で、脳活動がどう変わるかを調査する実験を行ないました。

その結果、オノマトペを使って表現したほうが、脳の線条体という部位が活発に働くことがわかったのです。

前述したように、線条体は「やる気」をつかさどる部位といわれています。つまり、オノマトペを使えば使うほどやる気がわき、作業をサクサク片付けていくことができるということ。

朝の始業時、社員たちにあまりやる気が感じられないときは、こう言ってハッパをかけてみてはいかがでしょう。

「さあ、みんな、背筋をピーンと伸ばそう。そして、今日の仕事もチャチャッと片付けて、チャチャッと終わらせてしまおうぜ！」

自分に自信をつける簡単な方法

「○○（自分の名前）は運がいいから大丈夫」

〝心のつぶやき〟で、できる自分になる！

人は自分とも頻繁《ひんぱん》に会話をしています。

思い返してみてください。「よし」「イケる」「まずいぞ」「ヤバい」などなど、朝から晩までいたるところで声には出ないつぶやきを発しているはずです。

そうした**心のつぶやき**を『**セルフトーク**』といいます。一説によると、人は**1日に万を優に超えるセルフトークをしている**のだとか。

それが「よっしゃー」とか「絶好調」といったポジティブなものならいいのですが、「まずいぞ」「やっぱりダメだぁ」「ああ、俺って才能がないなぁ」といったネガティブなつぶやきの割合が増えると問題が生じます。

自分が心の中でくり返し発しているネガティブなセルフトークが「できない自分、ダメな自分」というセルフイメージを定着させ、そのせいでやることなすこと臆病《おくびょう》になって、行動を起こせなくなってしまうからです。

たとえ行動を起こしても、失敗が前提になっているので、結局は負のスパイラルから抜け出せなくなってしまいます。

自分で自分にダメ出しをし続けているということは、心の中にパワハラ上司を住まわせているようなものですから、自信を喪失《そうしつ》するのも無理はないかもしれません。

誰もが「自分に自信をもって生きたい」と望んでいるのに、その足を引っ張っているのが自分だなんて悲惨《ひさん》です。

あなたが普段から発しているセルフトークは、ネガティブとポジティブ、どちらの割合が多いでしょう。もしネガティブのほうが多いと感じるなら、できるだけポジティブなセルフトークを心がけることです。

「**自分なら絶対イケる**」「**今の自分は調子がいい**」といったポジティブなセルフトークを心の中でくり返しましょう。

けれど、今までずっとネガティブなセルフトークをくり返してきた人は、すべてを悲観的に捉えてしまう体質になっています。なので、「つぶやく言葉を変えたぐらいで人間が変わるものかしら」「人間ってそんな単純じゃない」と反発するかもしれません。

そういう懐疑《かいぎ》派の人におすすめなのが、**「三人称視点によるセルフトーク」の活用**。セルフトークは自分で自分につぶやくひとり言ですから、普通は一人称です。

「今、絶好調」とつぶやいたときは、日本語は一人称を省《はぶ》くので「私は今、絶好調」ということ。そのつぶやきを一人称ではなく三人称にしてみるのです。

その一例が、今回の冒頭にある「○○（自分の名前）は運がいいから大丈夫」という言葉。

自分を「私」や「俺」と呼ばずに、第三者のように名前で呼ぶことで、自分のことを客観視できます。そのため、天の声が自分に呼びかけているような錯覚《さっかく》を覚えて、言葉に真実味が生まれるのです。

そうした効果があることは、ミシガン大学の心理学者イーサン・クロス博士らが実験でも確かめています（2021年）。
天の声、もしくは信頼のおける人物が自分を呼んでいる場面を想像しながらポジティブなセルフトークをくり返すのがコツ。

「○○ったらスゴイじゃない」
「○○もやるときはやるね」

自分に自信をもちたい人は、半信半疑でもいいので、ぜひお試しを。

コラム 6 だから捨てられない

自分のつくったものには不思議と特別な愛着がわいてくるのは、なぜだろう。

たとえば茶碗でも、既製品なら飲み口や取っ手などが欠ければ、あっさり捨ててしまうだろうが、手づくりだったら接着剤でくっつけたりして、なんとか使おうとしたり、使えなくても棚の奥にしまい込んだりする。

これは『**イケア効果**』が働くためで、人には**自分の手でつくったものには、それが本来もつ以上の価値を見出すという心理傾向がある**から。

実際、スウェーデンの家具量販店「イケア」では家具を完成品ではなく、組み立て式で売っている。そのメリットは「コスト削減＋低価格販売」にあるが、心理学上、そのほうが購入者にとってもより満足度が高くなっていたというわけだ。

家庭菜園で採れた野菜は、たとえ形が悪くてもスーパーで買うより美味しく感じるのも同じ理由。

そう考えると、このイケア効果が、これからの**サスティナブル（持続可能）な暮らしの実現に大いに貢献する可能性が出てくる。**

自らが手をかけることでそのものに特別な愛着がわく。そしてより長く大切に使い続けようとするため、ゴミも出にくくなる——。

やってみる価値はありそうだ。

取り越し苦労をしないために

「(大ごとになるのは)たった4つ」

心配事の96%は起きない

不安は、誰しもがもっている感情です。

心や体に何かしらの不調がある場合は、もちろん不安になります。「なんとなく歯が痛い」「なんだか熱っぽい」「最近、疲れやすい」など、原因が特定できない不調は、特に不安感を募《つの》らせます。

人間関係や進路、キャリアなど、社会の一員であるからこそ生じる不安もあるでしょう。大きいのはやはり将来への不安。格差や貧困は年々広がっており、そのような現実に不安を抱える人も確実に増えています。

それだけではなく、そもそも**人はネガティブな情報のほうが、ポジティブな情報よりも意識しやすく、記憶にも残りやすい**という傾向があります。そうした性質を『**ネガティビティ・バイアス**』といいます。

楽しかった体験やうれしかった出来事はすぐには思い浮かばないけれど、「傷つくことを言われた」「人前で恥をかいた」などのマイナスな記憶は、すぐに思い出せるという人は多いのではないでしょうか。

これが曲者《くせもの》で、ネガティビティ・バイアスによって気持ちがどんどん後ろ向きになり、必要以上に不安にさいなまれている人も多いのです。

実際、そうしたネガティビティ・バイアスのせいで不安のかたまりのようになっている人が日本人には多いことがデータ的にも証明されています。

毎年3月20日の「国際幸福デー」に発表される「世界幸福度ランキング」によると、日本は54位だったのだとか（2022年）。この順位は、先進諸国の中では最低順位なんだそうです。

遺伝子にセロトニントランスポーター遺伝子というものがあります。これは「不安遺伝子」とも呼ばれ、それにより遺伝子的に「悲観的」か「楽観的」かが決まるといわれています。

その遺伝子に悲観的な傾向をもっている割合は、アメリカ人は45％。それに対して日本人は80％。日本人が10人いたら8人が心配性だというのです。どうりで身のまわりに不安を抱えている人が多いわけです。

「案ずるより生むが易《やす》し」ということわざをご存じでしょうか。何ごとも始めるまではあれこれ心配するものだけど、実際にやってみると案外できてしまい、取り越し苦労で終わるものだという意味です。

それを実験で確かめた心理学者たちがいます。米国ミシガン大学の研究チームです。彼らが行なった研究によると、次のようなデータが得られたのだそう。

「心配事の80％は実際には起こらない」

「しかも、残りの20％のうちの80％も、あらかじめ準備しておけば対抗可能なものばかり」

「つまり、心配に値する本当の心配事は全体の４％しかない」

100の心配事のうち、実際に大ごとになるのはたった4つしかない、というのです。その**4％についても個人ではどうしようもないことがほとんど**だといいます。それでもあなたは取り越し苦労をしますか？

この結果を聞いて、「だって4つもあるじゃない」と思った人は、よほど心配性の遺伝子をもった人なのかもしれませんね。

自己肯定感を上げるフレーズ

「劣等感を感じるのは、あなたが人間であるという証拠」

（アルフレッド・アドラー）

名言は心に響き、癒やし、支えてくれるもの

「愛情をケチってはいけない。元手は使うことで取り戻せるものだ」（フロイト）
「人はみな規格外。規格にちゃんと収まった人なんていやしない」（ユング）
「劣等感を感じるのは、あなたが人間であるという証拠」（アドラー）

精神医学の基礎を築いた3人の偉人、フロイト、ユング、アドラーの言葉です。

このような至言《しげん》・名言に触れると、不思議と心が安らいだり、希望をもらえたりするものです。時には、再び前向きになれるように、そっと背中を押してくれることもあります。

それにしても、なぜ歴史も国も価値観も違う先人の言葉が、現代の私たちの心に響くのでしょう。

それは、**先人たちも私たちも抱える悩みは似たようなもの**だからなのかも。

「人の一生は重荷を負うて遠き道を行くがごとし。急ぐべからず」

これは、徳川家康の遺《のこ》した言葉だとされていますが、こんな言葉をしたためたということは、あの家康も人間関係に悩み、過去と周囲の人びとにふり回され、大きな理想に挫折《ざせつ》し、難問にぶつかり悩み続けたのでしょう。

それでもあきらめずに考え、行動を続けたことで、ひとつの真理を見つけ、それを言葉として結実させたのだと思われます。

それだけに短い言葉の中にも人生の重み、深みが感じられます。だからこそ、私たちの心にもじんわりと響いてくるのでしょうね。

「ありのままの自分を肯定する、好意的に受け止めることができる感覚」のことを心理学では『自己肯定感』といいます。

内閣府の調査（2018年）によると、日本人は他の国と比べて自分を肯定的に捉える人の割合がかなり低いのだそうです。つまり、日本人には自己肯定感が低めな人が多いということ。

自己肯定感が低いと、何か壁にぶつかったときすぐに落ち込んでしまいます。

でも、自己主張が不得手《ふえて》で自分の弱みを人には見せられないし、誰かに頼るのも苦手です。

そんなときに頼りになるのが先人たちの名言です。検索しさえすれば、古今東西のありとあらゆる名言が目に飛び込んできます。

それを拾い読みするだけでも癒やされますが、もし、そうした名言をもっと有効に活用したいのであれば、『**アファメーション**』がおすすめ。

アファメーションとは、肯定的な言葉をくり返し声に出したり目にしたりすることで潜在意識に働きかけ、人生をよりよい方向に導いていくための心理学的なワークです。やり方は簡単。**心の支えになりそうな名言を見つけたら、それを1日に何回か声に出して読み上げる**、それだけです。

暗記して、空で言えるようになって、落ち込んだときなどに口に出せるようになったらしめたもの。名言があなたの強い味方になってくれます。

目標達成への一番の近道

「決意したことを成功させたいなら言いふらそう。できれば尊敬する人の前でね」

「宣言する相手」を間違えないように

「ダイエットしたい」「禁煙したい」「起業したい」などなど、いろいろなことを心に決めては決意倒れに終わる……。よくあることです。特に、こっそり秘密裏《ひみつり》にやろうとすると、失敗する確率が高くなりがちです。

せっかく何かをやろうと心に決めたのであれば、できることなら三日坊主には終わらせたくないものです。

実は、とてもシンプルな方法で、達成率を上げる方法があります。

その方法を伝授したのは、ドイツ出身の心理学者のクルト・レヴィン。博士が提唱したのは『**パブリック・コミットメント**』という手法でした。

これは、「**周囲の人に向かって目標を宣言すると、達成率が高くなる**」というもの。

宣言することで責任が生まれると同時に、人に知られたことで逃げ場がなくなり、努力する意志が強まるのです。

確かに、周囲に公言してしまうと引っ込みがつかなくなりますものね。

それに、周囲が背中を押してくれるという、次のようなメリットもあります。

・めげそうになったときに、声をかけてくれ、励ましてもくれる
・目標達成のために、周囲が邪魔をしないように気をつかってくれる
・達成したあかつきには、周囲がほめてくれる

ただし、公言したことで「頑張ってるね」「素晴らしいね」のような声をかけられると、それで満足感を味わってしまい、実際には何もしていなくてもやったつもりになってしまうこともあるようです。

そのため、この『パブリック・コミットメント』の効果については、疑問符を投げかける学者もいました。実際、実験の仕方によっては、公言をしても達成率が上がらない場合もあったからです。

そして、「達成率を上げるには、公言する以外の別の要素が必要なのではないか」という意見が続出しました。

それにひとつの解答を出したのが、2019年に発表されたオハイオ大学の心理学チームの研究でした。

実験は、171人の学生を対象に、目標宣言を「尊敬できる人に宣言したグループ」と「どうでもいい人に宣言したグループ」に分けて目標達成率が調べられました。

すると、**尊敬できる人に宣言したグループは目標達成率が跳《は》ね上がったのに対し、どうでもいい人に宣言したグループは変化なしだった**というのです。

前者の目標達成率がアップしたのは、大見得《おおみえ》を切って宣言したのに結果を出せなかったら、自分の尊敬する人に失望されてしまうという危機感があったからなのでしょう。誰だって、尊敬する人の前ではいい格好をしてみせたいですものね。

つまり、関係の薄い人や、自分が尊敬していない人にいくら宣言したところで、パブリック・コミットメントの効力は現われないということです。

もし、何か達成したいことがあるなら、決意表明をする前に、それを誰の前でするかを考えておく必要がありそうですね。

5章

話し始めに、話し終わりに……使えば使うほどうまくいく！

――「そういえば」「たまには」「また」……

覚えにくいことが自然と覚えられる言い方

「○○さん、ご出身は？」

「おお、○○さんはそちらの方ですか」

「なるほど、○○さんらしい考え方ですね」

「それじゃまた、元気でね、○○さん」

ポイントは「くり返し」にあり

読者の中にも知り合った人の名前を覚えるのが苦手な人はいることでしょう。いや、覚えるのが得意な人を探すほうが難しいかもしれません。

「加齢のせいで、なかなか人の名前が覚えられない」

そうぼやく中高年も大勢いるはずです。

けれど、歳のせいにするのは早計かも。なぜなら、最近の研究で記憶力と年齢には相関関係はないことが東京大学の池谷裕二教授らによって証明されているからです。

実は、**「歳をとったら物覚えが悪くなる」という思い込みこそが、物を覚えようとすることを妨《さまた》げている**ようなのです。

つまり、名前を覚えたいのであれば、まず名前が出てこないのを歳のせいにする悪癖《あくへき》を断つ必要があるということ。

そうはいっても、読者の中には「子どもの頃と比べたら今のほうが明らかに物覚えが悪くなっているのは確かだぞ」と首を傾《かし》げる人もいるでしょう。

それに対する答えをノーベル生理学・医学賞を受賞したエリック・カンデルは、著書『記憶のしくみ』の中で明快に説明してくれています。

記憶をつかさどるのは、脳の奥にある海馬《かいば》という場所。その海馬には情報をふるいにかける機能があり、「この情報は必要」と海馬が判断すれば、情報を短期記憶ではなく長期記憶として脳に保存します。

一方、あまり必要ではない、あるいは印象に残らないと判断された記憶は短期記憶のまま保存期間が切れて、受け取った情報はどこかへと消えてしまいます。

実は、歳を重ねれば重ねるほど忘れっぽくなるのは、海馬が「あまり必要ではない」と判断することが多くなるからのようなのです。

大人は子どもと比べると経験値だけは豊富ですし、日常で出会う情報は既視《きし》感のあるものがほとんどです。脳のリソースは限られていますから、たいして印象にも残らず特に必要性も感じられない情報には、すぐさま「不要」のレッテルを貼って、長期記憶に保管しなくなってしまいます。

その代表格が知り合ったばかりの人の名前。目の前の人がよほどの美男美女、あるいは重要人物でない限り、名前なんて似たり寄ったりです。一度耳にしたくらいではその記憶はアッという間に海馬のどこかに埋もれてしまいます。

では、どうすれば名前を忘れないようにすることができるか。

それは、子どもの頃のように反復学習をすることです。**脳の海馬が記憶を長期保存させるかどうかは「くり返すこと」が重要な選別基準となる**からです。

いくら新鮮な脳をもつ子どもだって、一発で算数の九九は覚えられません。何度も何度も口に出してくり返して覚えます。要はそれと同じことをすればいいのです。

出会って名前を聞いたら、事あるごとにその名前を口にする。その名前が長期記憶に送り込むだけの重要な情報だと海馬が認識するまでくり返し叩き込むのです。まさに〝鉄は熱いうちに打て〟です。

これを実践すると、名前を覚えられること以外にもご褒美《ほうび》があります。

人は自分の名前を呼んでくれる相手には自然と親近感を覚えます。自分の名前が呼ばれることによって相手は「個人として認めてもらえている」と感じ、承認欲求が満たされるからです。

つまり、**名前を呼べば呼ぶほど、あなたの好感度が上がる**ということ。それを**『ネームコーリング効果』**といいます。

名前を覚えられるうえに、相手とすぐに打ち解け合えるのですから、活用しない手はありませんよね。

コラム 7 「脳のメンテナンス」に重要な90分

人以外の多くの動物は仮眠程度でＯＫなのに、なぜ私たちは毎日しっかり睡眠をとる必要があるのだろうか。

それは、他の動物とは比べものにならないほど発達した脳を休ませるため、といわれている。

睡眠は脳を深く眠らせて、疲労を回復させる大切な役目を担っている。脳のメンテナンスのためにも、睡眠は不可欠なのだ。

ならば、睡眠時間をたっぷりとればいいかというと、話はそう簡単ではない。

睡眠には「**レム睡眠**」（**体を休ませる眠りで、脳は半覚《はんかく》醒《せい》状態**）と「**ノンレム睡眠**」（**脳を休ませる眠りで、脳や肉体の疲労回復のために重要**）があり、これが交互に訪れるのだが、ひとつのサイクルは９０分。一度眠ると、そのあいだに３～５回は２種類の睡眠をくり返すことになる。

そこで一番のポイントは、９０分の周期が毎回同じ深さでくり返されているわけではないということ。**眠りの深さは寝てから９０分が一番深く、だんだんと浅くなっていく。**つまり、最初の９０分の睡眠が脳にも体にも重要だということ。だからこそ、寝ついた後の９０分を充実したものにするために、眠る前はできるだけ脳も体もリラックスさせたいものだ。

「ピンチを救う」言葉

A「（息を弾ませながら）お待たせして、本当にごめんなさい」

B「おお、早かったじゃない。頑張ったね」

とはいえ、約束は守りましょう

待ち合わせ時間はとっくに過ぎたのに、待ち人来たらずでなかなか友人が姿を現わさない……。最近はSNSを使えばいつ、どこでも連絡は取れそうなものですが、一度はこんな体験をしたことがあるのではないでしょうか。

ある調査会社が、友達と待ち合わせをする機会の多い年頃である高校生、専門・大学生を対象に『友達が待ち合わせ時間に遅れた場合、何分までなら待てるか？』という意識調査を実施したところ、1位「30分以内」（34・8％）、2位「15分以内」（22・5％）、3位「1時間以内」（15・0％）の順だったそうです。「30分以内なら許容範囲」という声が多かったのは、「それくらいならスマホなどで時間が潰《つぶ》せるから」「自分も遅れることがよくあるから」といった理由が挙げられていました。

まあ、だからといって、遅刻はしてもいいということにはなりません。マナーとしても遅刻は厳禁ですし、ましてや遅刻が常習になると友人関係にヒビが入る可能性だってあります。

でも、時にはやむを得ず遅刻をすることもありますよね。

そういうとき、待たせる相手をイライラさせないどころか、遅れてきたのに「頑張ったね」「大変だったね」と労《ねぎら》ってもらえる方法があるのでご紹介しましょう。

まず、遅刻する側が必ずしなければならないのは、**遅れることをスマホなどで相手に伝えること。その際の大事なポイントは、遅刻する時間を少し多めに申告すること**です。

つまり、10分程度遅れそうなら、

「ごめんなさい、20分近く遅れそうです」

と相手に伝えるのです。それが待てる許容範囲内であれば、相手は不承不承《ふしょうぶしょう》であっても20分待つことを覚悟してくれます。

それがすんだら、あなたがすることは20分ではなく10分遅れで待ち合わせ場所に着けるよう最大限の努力をすること、それだけです。

相手の姿が見えたら、小走りで駆《か》け寄りましょう。

そして、息を弾ませながら、「お待たせして、本当にごめんなさい」と謝ります。

すると、待たせたにもかかわらず、相手からは「おお、早かったじゃない。頑張ったね」「大変だったね」と、労いの言葉が返ってくるはずです。

なぜなら、待つ側は20分待つのを覚悟していたのに、あなたがその半分の10分ほどで到着したからです。相手は、あなたが遅れる時間を短縮するためによほど努力をしたのだろうと勝手に想像して、その頑張りを労いたくなるのです。

『アンカリング効果』という心理学用語があります。これは、**最初に提示された数字や条件が基準となり、その後の判断に影響を与えてしまう心理現象のこと。**

この場合は、待ち時間＝20分という数字が基準（アンカー）になっています。それが半分の時間に短縮されたので、「半分にするには、よほど頑張ったに違いない」と判断してしまったというわけです。

また、遅刻した相手が息を弾ませていることが、その判断をより強めます。気持ちは歩調に表われるからです。

相手に一刻も早く会いたいと思えば自然と歩調は早まりますし、あまり会いたくない相手だと逆に遅くなります。心理学では前者を『**正**《せい》**の誘発性**』、後者を『**負**《ふ》**の誘発性**』といいます。

息を弾ませている様子を見て、『正の誘発性』が刺激されて、「この人は1秒でも早く来ようと頑張ったんだな」と判断してくれるというわけです。

ただし、この方法を使うのは緊急時のみにすることです。特に、同じ相手に何度も使わないこと。「またその手を使うんだ」とあきれられるのがオチですから。

コラム 8 刑事ドラマにある真実

容疑者宅を訪問した刑事や探偵が、帰りがけによくこんなセリフを口にする。

「あとひとつだけお聞きしてもいいですか？」

そして、このセリフがきっかけとなって、それまで完璧と思われていた容疑者の言動にボロが出始める――ドラマでよくある展開だ。

なぜ、このセリフを言われた容疑者はボロを出してしまうのか。それは容疑者が心理学でいう**『テンション・リダクション』**のワナにハマったからだろう。

人間というのは何か重要なことに当たるときには、必ず緊張が高まり集中力もアップする。そして、その重要事態をなんとか乗り越えることができると、一気に緊張状態が解け、今度は注意力が散漫になってしまいがち。

そんな**緊張状態が消滅した後の注意力がおろそかになっている状態**のことを『テンション・リダクション』という。

犯行を疑われている容疑者にしてみれば刑事の厳しい追及をなんとかかわし、逃げ切ることができたと思ってホッとしたときが、まさにその状態。

そこでいったん帰りかけた刑事に「あとひとつだけ」と言われると、油断からついボロが出てしまうのだ。

時間泥棒に困っていませんか？

「待ち合わせは、午後5時57分ね」

「えっ!?」と興味をそそる中途半端さ

もうひとつ、遅刻について。

一度や二度の遅刻なら、誰でも経験したことはあるはず。けれど、いつも遅れてくる遅刻常習犯はいただけません。遅刻をすると、相手を待たせて迷惑をかけてしまうだけでなく、時には後の予定が崩《くず》れてしまうことも。

遅刻癖のある人は、時間の感覚がまわりと比べて緩いのでしょう。「ちょっとくらい遅れても、ま、いっか」などと自分で自分を許してしまいます。時間に対するモラルが低いのでしょう。

本人としてはわざと遅刻するつもりはないのでしょうが、見積もりが甘いせいでいつも時間ギリギリになってしまいがち。なのに、マイペースなので、毎回同じパターンをくり返してしまうのです。

そういう懲《こ》りない遅刻常習犯には、**集合時間を本来の待ち合わせ時刻よりも早めに伝えておく**という方法があります。

「それでもちゃんと来てくれるか不安だ」という心配性の方には、次のような心理学的アプローチ法があるので、こっそりお教えしましょう。

それは、「はじめに」でもお伝えした『ピーク・テクニック』を使うという手法です。**ピークとは「興味をそそる」という意味で、相手が「えっ」「おやっ」と思う言葉を投げかけて、それを強烈に印象に残すという手法**です。

それを映画の中で効果的に使っていたのがフランスのジャン・リュック・ゴダール監督。その代表作『勝手にしやがれ』（1960年）の中に、ジャン・ポール・ベルモンド扮《ふん》する主人公のこんなセリフが出てきます。

「電話をかけてくるから、1秒待っててくれ」

電話をかけるのに1秒ですむわけがないのに、主人公は平気で恋人の前から姿を消してしまったのです。もちろん、恋人は開いた口が塞《ふさ》がりませんでした。でも、彼の言葉がよほど印象に残ったのか、彼女は彼の帰りを待つことになってしまいますし、このシーンは観客にも強い印象を残すことになりました。

それこそまさに『ピーク・テクニック』が威力を発揮した瞬間だったのです。

『ピーク・テクニック』については、アメリカの心理学者サントスが興味深い実験を行なっています（1994年）。

それは、道行く人に2通りの言い方でお金を借りるというものでした。一方の学生には、「10セント貸してください」と頼むように指示し、もう一方には「17セント貸してください」と頼むように指示を出したのです。

結果は、後者の「17セント貸してください」と頼んだ場合は、半数近くの人がお金を貸してくれたのに、前者の「10セント貸してください」と頼んだ場合は、ほとんどの通行人に無視されてしまいました。

なぜ、そんなに差がついてしまったのでしょう。

それは〝17セント〟という**中途半端な金額に、通行人が興味をそそられた**から。その金額にはきっと理由があるのだろうと、興味を抱いて貸してくれたのです。

このように『ピーク・テクニック』を活用すれば、かなりの確率で人の関心を引き、相手を自分のペースに引き込むことができるということ。

つまり、待ち合わせの時間を「午後6時」ではなく、「午後5時57分」のようにわざと中途半端にすることで、相手に強い印象を持たせることができ、その時間を守ってくれる可能性が高まるということです。

さりげなく「本当のこと」を聞きたいときに……

「そういえば、隣の奥さんが銀座で、あなたと若い女性が2人で仲良さそうに歩いてるのを見かけたって言ってたわよ」

午前、午後、夕方……ホンネが出る時間帯

古い言葉に〝逢魔《おうま》が時《とき》〟というのがあります。広辞苑では「夕方の薄暗いとき。黄昏時《たそがれどき》」と説明されていて、日が暮れた時間帯を意味する言葉です。

読んで字のごとく「魔に出逢うとき」。昔から、夕暮れ時は得体の知れない魔物に遭遇する時間帯、もしくは大きな災いが起こる時間帯と信じられていました。

実際、**夕暮れ時は人の認知能力や思考・判断能力が著《いちじる》しく低下する**ことが知られています。そのせいもあってか、交通事故が1日の中で一番発生する時間帯でもあるのだとか。

かの悪名高いアドルフ・ヒトラーも、演説を行なう時間帯の多くを夕暮れ時にしていたとされています。

わざわざ人びとの判断力や思考力が一気に落ちるときをねらって演説を行なうことにより、その内容がどうあれ、「もしかしたら正しいことを言っているかもしれない」と聴衆に思わせることに成功したというのです。

日々の生活の中でも、認知能力の低下を実感することはよくあります。

仕事をしていても1日の終わりに近づく黄昏時は、もっともミスや失敗が多い時間帯。肉体的に疲れていることに加えて、「もう少しで仕事が終わる」といった気の緩みから、雑念も増えて集中力がなくなります。

また、主婦がスーパーやデパートで衝動買いをしやすいのも夕暮れ時だといわれています。夕方は「節約しなきゃ」という理性の声が聞こえなくなる時間帯なのかもしれません。

夕方になると、商品の値段に「30円引き」とか「2割引き」などのシールが貼りつけられるようになるので、余計に理性の声は遠のきます。

そうした**判断力の低下を利用して相手に納得させたり、説得したりすることが容易になること**を、心理学では『**黄昏効果**』と呼んでいます。

スーパー側の値引きシール戦略もそのひとつですが、有能な営業マンはその効果を利用して、わざと夕方をねらって大事な商談をするといいます。

午前中は「理性の時間」、**午後は「感情の時間」**と呼ぶ学者もいますが、頭がよく働く午前中に営業をかけても断られる確率が高いけれど、疲れてぼんやりしている夕方なら先方の判断も曖昧になりやすく、契約が成立する確率が高くなるからです。

ただ、夕方は「感情の時間」だけに、熱心過ぎて深追いをし過ぎると、「しつこい！」と激高《げっこう》されて追い返される危険もあるので、接し方に細心の注意を払う必要のある時間帯でもあることをお忘れなく。

夕暮れ時は、大事な秘密をもらしてしまいがちな時間帯でもあります。

午前中にはまだ脳が理路整然と働いて、きちんとフィルターにかけながら自分の言葉を選ぶ人でも、午後になると感情にまかせて発言してしまいがち。

なので、夕暮れ時をねらって相手のホンネを聞き出そうとすれば、ついポロリとホンネを明かしてくれることも十分に考えられます。

もし、恋人や夫婦のどちらかに浮気を疑わせるような兆候《ちょうこう》があるなら、夕暮れ時をねらって、冒頭の言葉のようにカマをかけてみましょう。

そのワナにハマって相手の表情が変わったり、支離滅裂《しりめつれつ》な返事をしたりとなったら、その夜は沈鬱《ちんうつ》な時間が続くことは確実です。

噂話で自分の好感度を上げる方法

「○○さんがキミのことをベタぼめしてたよ」

「その場にいない人」のことを口にするのは、ほめるときだけ

「噂をすれば影が差す」
「火のないところに煙《けむり》は立たぬ」
「人の噂は倍になる」
「人の噂も七十五日」

私たちは噂話が大好きです。そのせいか、噂にまつわることわざや慣用句は思い出して書き並べただけでもいくつもあります。

なかには噂話を嫌悪する人もいますが、噂話をしたくなるのは社会的な生き物である人間の根源的欲求であり、コミュニケーションの手段として重要だという考え方もあります。

確かに人はプライベートでも公の場でも、常に他の人が何を考えているのかを知るために、本人に直接聞いたり、身辺情報を収集したりするもの。

人間らしい社会生活を送るためには相手を理解することが不可欠ですから、そのための噂話は必要不可欠なものと言えるかもしれません。

ただし、悪意のある噂話は人を傷つけるだけで何もプラスを生み出しません。特に、最近はＳＮＳの普及で、噂の枠を超えた誹謗中傷《ひぼうちゅうしょう》が際限なく広がってしまう恐れも出てきました。

そうした**悪意のある噂話をすることを、心理学では『ネガティブ・ゴシッピング』**といいますが、その逆で、**善意の噂話を『ポジティブ・ゴシッピング』**といいます。

このポジティブ・ゴシッピングを活用すると、周囲からの好感度をアップさせることができるのをご存じでしょうか。難しくはありません。**その場にいない第三者のいいところを語り、積極的にほめればいい**のです。

「〇〇さんは偉いよね。たまたま見かけたんだけど、ゴミ収集場所の掃除をひとりでなさってて。ホントに感心した」

「先週の飲み会の幹事をやってくれた〇〇さん、店選びから料理のチョイスまでセンスよかったよね。部長も大喜びしてたよ」

こうしたポジティブな内容の噂話が当人に伝わったら、直接ほめる以上にその人を喜ばせることができることがわかっています。

なぜなら、**人は直接得た情報よりも間接的に得た情報のほうを信用しやすい**からです。そうした心理を『**ウィンザー効果**』といいます。

ウィンザー効果は、次のような会話を比較すると理解できます。

A「僕はキミのアイデアを買ってるよ」

B「○○さんがキミのアイデアを買ってるんだって」

同じ内容でも、Bのように利害関係のない人がしていた話だと信憑性《しんぴょうせい》や信頼度が高い気がして聞いた人はうれしくなってしまうのです。

また、こうしたポジティブ・ゴシッピングを広める人を、周囲は好意的に見てくれます。つまり、いい噂を広めれば広めるほど好感度が上がるわけです。

あなたもぜひポジティブ・ゴシッパーになってみませんか。

〝自分にご褒美〟は何のサイン？

「毎日家事や育児をしてるんだもん、たまにはご褒美にママ友と豪華なランチ！」

頑張った後はただほめてあげるだけでいい

これから挙げる例のようなことを考えたり、実行したりした経験はありませんか？


「毎日家事や育児をしてるんだもん、たまにはご褒美にママ友と豪華なランチ！」

「宿題ちゃんとやったから、ゲームで気晴らしをしてもいいよね」

「今日はたくさん運動したから、カロリーが高いものを食べても大丈夫」

「仕事がうまくいったし、今日は久しぶりにハシゴ酒だ」

「1年頑張ったし、正月三が日は寝正月だ」


頑張った自分にご褒美をあげたくなる気持ちはよくわかります。私たちは自分にとって正しいことや有益なことをした後は、なんだか誘惑に弱くなってしまうものです。

そのような、「頑張ったんだから、少しくらいハメを外してもいいじゃない」と感じる心理のことを『**モラル・ライセンシング**』といいます。

名づけ親は、ノーベル賞を受賞した行動経済学者のダニエル・カーネマン博士。

なぜそんな心理が芽生えるのかといえば、人は道徳的でありたい一方で、自由でありたいという欲求をもっているから。

また、人は「~しなければならない」「~したほうがよい」といったように理性的・道徳的に考えますが、本能的には「このままの状態でもいいのではないか」と感じてしまうこともあります。

「変わりたい」「進歩したい」という願望と、「このままでいい」「安定しているほうが楽でいい」という欲求が心の中でせめぎ合っていて、往々にして後者のほうが勝ってしまうことがあるのです。それを**『現状維持バイアス』**といいます。

高いお金を払ってスポーツクラブで定期的に運動しているのに、体重も体形もほとんど変化がないことを不思議に思っている人がいるとしたら、自分にこう問いかけてみてください。

「運動するたびに、自分に何かしらご褒美をあげていないだろうか」

もし心当たりがあるとしたら、『モラル・ライセンシング』の甘いワナにハマっているのかもしれません。

頑張った自分に対してご褒美をあげたくなったとき、それは暗に「現状維持でいいよ」というサインを自分に送っているのと同じだということです。

では、『モラル・ライセンシング』の甘いワナにハマらないためには、どうすればいいのでしょう。もっとも簡単で、しかもお金もかからない方法は、「**自分をほめてあげる**」ことです。

頑張って1日1万歩も歩いたら、ゆっくりお風呂にでも入りながら「よく1万歩も歩いた」「素晴らしい」「この調子で次も頑張ろう！」と自分をほめまくりましょう。そして、それで満足してベッドに入る。それを習慣づけるのです。

効果は、心身にちゃんと表われますから、続ける意欲もわいてきます。三日坊主で終わらせたくない人は、ぜひトライしてみてください。

頭も心もごちゃごちゃしているときに

「部屋が整理整頓されていれば、心も整う」

「小さい汚れ」がすべてのはじまり

『割れ窓理論』という心理学用語を耳にしたことはないでしょうか。

1枚の割られた窓ガラスをそのままにしていると、さらに割られる窓ガラスが増え、建物周辺の風紀が乱れ、いずれ街全体が荒廃《こうはい》してしまうという、アメリカの犯罪学者ジョージ・ケリング博士が提唱した理論（1982年）です。

この『割れ窓理論』に着目して、街の浄化と治安回復に役立てようと考えたのがニューヨークのジュリアーニ市長でした。

1994年当時のニューヨークは、犯罪多発都市として悪名高い街でした。市長はその大都市の大掃除を始めたのです。

割れた窓の修理はもちろん、落書きなど軽微な犯罪の取り締まりを徹底的に強化しました。その結果、犯罪を大幅に減少させることに成功しました。

割れた窓もすぐに修理すれば他の窓が割られることもなくなるし、ゴミのポイ捨てのような軽微な犯罪を見逃さず、散乱しないようきちんと毎日清掃をすれば、街全体の犯罪率も下がることが実証されたのです。

この理論を活用して大きな成果をあげているのがディズニーランドでしょう。ディズニーランドには、カストーディアルキャストと呼ばれるスタッフがいるそうです。カストーディアルというのは、「維持する」という意味。文字通り「パーク内を清潔な状態に維持する」ことがスタッフの仕事です。

重要な点は、このスタッフが「汚れた箇所を清掃する」ために雇《やと》われているのではなく、「きれいな状態を維持する」のが役目であること。単なる清掃係ではないのです。

敷地内の些細な傷もおろそかにしません。ペンキを塗り直し、壊れた箇所の修《しゅう》繕《ぜん》も積極的に行ないます。ですから、パーク内はいつもピカピカ。

来場客もそんなきれいな場所を汚すわけにはいかないので、ポイ捨てなんかできません。それによって、従業員のマナーも来場客のマナーも向上させることに成功しているのです。

ディズニーランドにとっての「割れ窓」は、「小さな汚れ」だということ。割れた窓を放置しないことで街全体の浄化と治安回復を実現させたニューヨークと同じように、ディズニーランドは小さな汚れを放置しないことでゴミひとつ枯葉ひとつ落ちていない、まさに夢のような環境をつくり出したのです。

さて、あなたの身のまわりには「割れ窓」のような放置状態のものはないでしょうか。もし、あるとしたら、それが原因で部屋が片付かないのかもしれません。

試しに、いつも使っているバッグやカバンがあったら、中を覗いてみてください。**カバンの中の環境と部屋の環境は相似《そうじ》形《けい》である場合が多いもの**。ですから、カバンの中がちゃんと整理整頓《せいとん》されているとしたら、部屋も整理整頓されている可能性大です。

一方、カバンの中がゴチャゴチャしているとしたら、部屋もあまり片付いていないのではないでしょうか。

もし、部屋を見違えるほどきれいにしたいのなら、まずはカバンの中の整理整頓から始めてみてはいかがでしょう。人は目に映るものからの影響を受けやすいので、部屋がきれいになると心も整理整頓できますよ。

おわりに
――〝心の翻訳機〟を使えばもっといい関係に

人間は一人ひとり、生まれも育ちも違えば、考え方だって千差万別《せんさばんべつ》。よかれと思って言ったことでも、相手がちょっとしたニュアンスを取り違えて、行き違いになることはよくあることです。

なかでも顕著《けんちょ》なのが男女の言葉のすれ違い。

男性が女性の言葉を額面通りに受け取って返事をしたばかりに、痛い目に合うことがあるのもその一例です。

たとえば、女性が怒って「ンもう、勝手にすれば！」と言ったとき、男性が「わかったよ、じゃあ、そうするよ」などと返事をしたが最後、事態はますます悪化してしまいます。

男性としてみれば、言われた通りにしただけなので、なぜ彼女の機嫌がより悪くなったのかチンプンカンプンです。

そういうとき、〝心の翻訳機〟があればどれだけ助かることか。

心の翻訳機とは、外国語の翻訳アプリのように、上辺《うわべ》の言葉を本音の言葉（心の声）に翻訳してくれるツールのことだと思ってください。

もし、そんな〝心の翻訳機〟があれば、女性の「勝手にすれば」は「**だからって勝手にしたら許さないからね。私の言うことをちゃんと聞いてよ！**」だと教えてくれるはずです。

女性に比べて共感能力が今ひとつな男性は、相手の言うことを額面通りに受け取ってしまいがち。一方、女性は「私の言葉の裏に隠れた真意を察してほしい」と願っているのです。

女性の真意を言葉にすると、こんな感じになるでしょうか。

「なんでもない」↓**「私、傷ついているんですけど。それぐらいわかってよ」**

「あっち行って！」↓**「ちゃんと謝って。なぐさめて」**

「もういいッ」↓**「ぜんぜんよくない。もっとまともな言い訳をしてよ」**

「みんな私が悪いのよね」↓**「悪いのはあなたでしょ」**

「もう別れる！」↓**「別れたくないんなら、私の気がすむまであなたが謝って」**


そんな女性の気持ちを察することができずに、「ちゃんと言ってくれれば俺だってわかるのにッ」とふてくされているだけでは、男女の心の溝《みぞ》はなかなか埋まりません。

まず男性は、たとえ女性の話がとりとめがなくても、「結局、何が言いたいんだよ?」などとは決して言わないことです。〝心の翻訳機〟を持ち合わせていなくても、相手の発した言葉を真剣に受け止めましょう。

そして、自分が相手だったら、今どんな気持ちでいるだろうと想像してみましょう。そうすれば、何か心に響いてくるものがあるはずです。

そうした態度をとるだけでも、共感能力の高い女性は相手の変化を感じ取ります。「この人は、私の話をきちんと聞いてくれている」「理解しようとしてくれている」と思います。そして、それが和解の第一歩にもなるのです。

本書ではさまざまな心理話法を取り上げましたが、相手の気持ちを想像し理解するという心の翻訳機を手に入れることができれば、もっと活用法は広がるはず。経験を積む必要はありますが、ぜひ手に入れたいものです。

清田 予紀

本書は、本文庫のために書き下ろされたものです。

すごい「心《しん》理《り》話《わ》法《ほう》」

著者　清田予紀（きよた・よき）
発行者　押鐘太陽
発行所　株式会社三笠書房
〒102-0072 東京都千代田区飯田橋3-3-1
電話　03-5226-5734（営業部）03-5226-5731（編集部）
https://www.mikasashobo.co.jp
印刷　誠宏印刷
製本　ナショナル製本

ISBN978-4-8379-3066-2 C0130

王様文庫

王様文庫

心が深く見えてくる！
清田予紀の本

時間を忘れるほど面白い人間心理のふしぎがわかる本

なぜ私たちは「隅の席」に座りたがるのか――あの顔、その行動、この言葉に〝ホンネ〟があらわれる！　◎「握手」をするだけで、相手がここまでわかる◎よく人に道を尋ねられる人の特徴◎いわゆる「ツンデレ」がモテる理由……「深層心理」が見えてくる本！

「鬼滅の刃」で心理分析できる本

あのキャラの言葉、佇まいは、なぜ心に刺さるのか？　◇竈門炭治郎は「自分を鼓舞する天才」◇煉獄杏寿郎に学ぶ「メンタル強化法」◇女性が我妻善逸にクラッときてしまうワケ◇胡蝶しのぶと冨岡義勇の〝恋の確率〟◇鬼舞辻無惨が仕込んだ「呪い」の恐ろしさ

それ、「心理学」で説明できます！

世の中は、想像以上に「心」で動いている！　◎なぜ、人は行列に並びたくなる？　◎なぜ、仲のいい人とは〝雰囲気〟が似てくる？　◎何かに夢中だと、時間がアッという間なのはなぜ？◎「短所」は、ホントに「長所」にもなる？　……身近な〝ミステリー〟が解けていく！

「世界のすごい人」が使った心理学

だから「うまくいった！」50のメンタルテクニック　◎スティーブズ・ジョブズが「いつも愚かでいろ」と言ったワケ　◎坂本龍馬が「頭の整理」に使ったのは？　◎ベートーベンが陥った「片づけ地獄」からの脱出法　――チャンスもお金も人の心もつかむ「心理学の使いかた」

K40113